湛庐CHEERS

与最聪明的人共同进化

HERE COMES EVERYBODY

RADICAL INCLUSION

打胜仗系列

打胜仗的思想

[加] 马丁 · 登普西
MARTIN DEMPSEY

奥里 · 布拉夫曼 著
ORI BRAFMAN

汤文静 译

中国纺织出版社有限公司

总　序

让打胜仗的思想成为一种管理信仰

田涛

华为管理顾问

向军队学习怎样打胜仗

摆在我书桌前的3本书《打胜仗的思想》、《打胜仗的团队》和《打胜仗的策略》，我花了3天时间一口气读完了，既疲惫又兴奋。3本书的作者包括一位陆军四星上将、两位海军陆战队前军官、一位空军前战斗机飞行员、一位思想反叛的学者，以及一位著名的商业记者，后者是接受过美国陆军尖端红队计划（培养批判性思维和对抗群体思维技术的课程）培训的唯一非军方人士，后来他成立了红队思维公司（Red Team Thinking LLC.），专门为各类企业提供变革咨询服务。

在人类各类组织中，企业与军队在组织层面有最多的共通性。军队与企业最本质的相同之处，在于“活下来”和“活得强大”是两者共同的底线追求。与企业相比，死亡对军队和军人而言更真实、更赤裸，也更残酷，因此，军队也是最具危机意识和最具创新力的组织。在信息技术、材料科学、医疗、大气监测等领域，最早的基础研究和技术创新大多源自军事需求，而且，军队在创新方面没有关于投入产出比的硬约束。在管理创新上，军队也历来能够因战争形态、技术革命的变化而率先进行变革。事实上，管理学的诸多理论和管理词汇都源自军事理论和军事词汇。不夸张地说，是空军“拯救了”哈佛商学院。第二次世界大战期间，哈佛商学院在很长时间内都曾是空军的管理培训基地。第二次世界大战之后，美国空军的10位前军官、著名的“蓝血十杰”以不到10年的时间拯救了濒临危境的福特汽车公司，进而在全美企业界掀起了一场管理革命，他们对当代管理学的贡献一点不亚于彼得·德鲁克。①

“Enterprise”一词可以被译成“企业”，也可以被译成“进取心”和“事业心”。用“Enterprise”给军用舰船命名是欧美海军的传统，叫作“企业号”的舰船有几十艘之多，法国有20多艘，英国有10多艘，但真正用“企业号”为明星舰船命名的是美国海军。美国先后有8艘军舰被命名为“企业号”，包括两艘航母。《美国海军战斗舰艇

① 这个故事详细记述在约翰·伯恩（John A. Byrne）所著的《蓝血十杰》一书中。

词典》对此的解释是：使用“Enterprise”命名是取其“勇敢、活力、精力旺盛以及在实际事务中的创造性”之意。由此可见，企业文化与军队文化在底层逻辑上具有惊人的一致性。

与之相对应的是企业家——“Entrepreneur”这个词的出处。“Entrepreneur”一词是从法语中借来的，其原意是指“冒险事业的经营者或组织者”。这个词最早出现在16世纪的法语中，是指“指挥军事远征的人”。显而易见，企业家与军事领导者所面临的共同挑战永远是“不确定性”，这就从根本上决定了他们的角色与使命——经营和管理风险，同时，这也决定了企业家和军事领导者必须拥有一种独特的领导力。

军队是最好的领导力学院。截至2020年，在美国45任总统中有过军旅生涯的高达29位，在美国500强企业的董事长、副董事长和总裁中也有相当比例的人曾经是军人、指挥官、高级将领。企业是军人首选的“旋转门”，对于这些从枪林弹雨中走出来的战士们、从惊涛骇浪中挺过来的“舰艇舵手们”来说，投身于企业，不过是从一类战场来到了另一类战场——市场。市场竞争之惨烈，之多变，一点不亚于刀光剑影的战场。

联邦快递创始人弗雷德里克·史密斯（Frederick Smith）在给《打胜仗的团队》英文版所写的推荐序中说，“我们有目的地打造我们的企业文化，每位领导者接手企业都会进行一次企业文化再建。这样的模式设计源于世界上最精良的领导力学院——军队”“在海军学到的那些领导力原则价值千金”“如果你参观过联邦快递的领导力学院，你就必然会发现我们的公司文化里蕴含着海军的基因”。《揭开战争迷雾》（*Lifting the Fog of War*）作者之一比尔·欧文斯（Bill Owens）说：“军队是全球最大和最复杂的企业。”

一个值得深思的现象是，不少管理咨询公司的创办者（比如“打胜仗系列”的作者们）、领导力训练专家（也包括商学院的领导力研究专家）都曾担任过军队将领，或是做过军人，抑或是做过西点军校和其他军事院校的教官，他们在以军事领导力的理论与实操技术熏陶和培训一代又一代的企业家，并推动进行企业的团队建设和组织变革。几乎可以断言的是，军事院校，比如中国人民抗日军事政治大学、黄埔军校和西点军校，才是锻造领袖、领导者的最佳熔炉，而商学院也许更适合培训职业经理人。

同样值得深思的是，也有一些企业家“转身”成了军队高级将领，比如福特汽车公司前总裁罗伯特·麦克纳马拉（Robert McNamara）曾经在 20 世纪 60 年代出任过美国国防部部长，2019 年年初时任美国代理国防部部长的帕特里克·沙纳汉（Patrick Shanahan）曾经是在波音公司负责管理全球供应链的副总裁。

某种意义上，所有优秀企业的基因中都隐含着军事文化的元素，而优良军队的基因中也隐含着企业文化的元素。企业和军队的另一个共同点是：必须不断打胜仗。只有不断打胜仗，才能持续活下去并活得有力量。马丁·登普西将军在书中倡导：让打胜仗的思想成为一种信仰！我给这句话加了两个字：让打胜仗的思想成为一种管理信仰！

组织文化变革与打胜仗的思想

人类正在进入一个充满高度不确定性的时代。这个时代的最大特征是——数字回声[①]：信息秒速交叉传递，同时在秒速传递中发生扭曲；任何人在每时每刻都能够杜撰新故事；一部手机就能够在任意地方掀起一场全球风暴；真相和假象、虚构和非虚构的边界模糊了。我们曾经坚信“事实是坚不可摧的东西”，但在今天，人类即将步入“事实不再可靠”的时代。

“在战场上和‘商战’中真正危险的是，你自以为已经胸有丘壑，而实际上你连自己看见的是什么都没有理解。”这就是当今各类组织，尤其是军事组织和企业所面临的尖锐挑战。马丁·登普西将军和奥

① 数字回声是指随着数字技术和社交媒体的发展，信息更快速地从个人传递到个人，同时信息也时常在传递过程中变得扭曲的现象。——编者注

里·布拉夫曼的《打胜仗的思想》一书正是围绕着这一命题而展开的，书中有大量的精彩案例和创新性的观念，对处于迷茫与焦虑中的组织领袖、管理者来说极具启发性。同样具有启发性的还有变革类巨著《赋能：打造应对不确定性的敏捷团队》（*Team of Teams*），这本书的第一作者斯坦利·麦克里斯特尔（Stanley McChrystal）与马丁·登普西将军一样，也是一位军队四星上将，这绝非出于偶然。从人类几千年的组织演化史看，军队在每个时代都是变革的先锋，引领着社会和企业组织的变革。在信息技术和互联网席卷一切的新时代，军队的组织变革又一次走到了前锋位置。

组织变革首先是文化变革。企业管理界过去10多年的热门话题之一就是“组织文化”，但无论是管理学著述还是企业家们，对究竟什么是“组织文化”并没有给出一个很通透的阐述，从定义，到外延，到实践均是如此。《打胜仗的思想》赋予了“组织文化”一个简明的概念：所谓文化就是“创造一种叙事，一种包容性的叙事”，创作一部富有想象力的“剧本”，构造组织的意识形态。

在企业中，有两种组织文化和组织思维。一种是封闭性的循环式文化：创造财富—分配财富—创造财富—分配财富……如果组织月复一月、年复一年地如此循环往复，那么当它走到一定阶段时，就会有一大群人，包括创始人自身，陷入对组织动力和个人动机的迷茫与焦虑中，这是一种简陋的实用主义及粗鄙的现实主义文化所带来的必然结局。另一种是开放性的线性文化：组织中的“他 / 她”和“他们”在一条直线上奋力奔跑，直线的前方是使命、理想和目标在牵引，直线的后方是一套基于人性、偏于激进的激励机制在推动，这样的组织和组织内的个体、群体，怎么可能不激情澎湃地打胜仗、一个接一个地打胜仗呢？

然而，这仍然是一种工业时代的组织文化，它的前提是组织中有一个先知般的领袖和一大群“无脑”的、服从型的小人物、“螺丝钉”，创造叙事、剧本是少数人的天然权力，其他人只能在“万物秩序”的因果链上唯命是从。但是，时代变了，而且是从根基上变了，我们正在从数百年来的十进位时代不可逆地跨入“二进位时代”，也即“计算机 + 互联网 + 大数据时代”，人类传统的思维模式、文化形态和组织逻辑都将前所未有地遭遇颠覆。

马丁・登普西和奥里・布拉夫曼开出的变革药方是：创造一个绝对包容的新型组织文化。这包括以下几方面。

◎大家一起“讲故事”：组织应致力于上下共同来构造使命、创造愿景、共创语境，要让组织中的绝大多数人打心底里认为，我们正在完成的正是我们一起出发要去完成的事业；让人人有归属感，一起带着成功与失败的回忆走向未来。

◎赋能组织中的每个细胞，同时给最基层的作战单元赋予最大、最多的决定权，从“我们决策，他们执行”的领导力模型向“我们定方向，他们决策，他们执行”的新模型大幅转变。正如马丁·登普西和奥里·布拉夫曼在《打胜仗的思想》一书中所写，“最好的主意并不经常来自组织的高层，相反，往往是前线的团队成员有着最具创意的解决方案，正是这些方案最后救了我们”“领导者所需要的最重要的信息，常常来自组织的最前沿，而不是组织的中心”。

◎最大限度地放弃控制，敞开胸怀拥抱权力的变化，让权力从我们的指缝流向组织底层更有能力、更有饥饿感和更有成就意愿的人手中。

◎秒速行动，培养上上下下对行动的偏好，让更好的行动更快产生，避免行动滞缓和瘫痪。

◎造就普遍信任的组织文化。

◎构建“蜘蛛网组织加海星型组织”的新组织变种。

一个重塑人类组织史的巨大力量正在隐隐形成，而它首先发端于军事组织和企业组织之中。

打胜仗的团队与打胜仗的策略

“打胜仗的思想”必须建构在“打胜仗的团队”之上。什么样的团队代表着“二进位时代”——“计算机 + 互联网 + 大数据时代”的优秀团队？依据《打胜仗的团队》一书，“二进位时代”，优秀团队的定义就是：敢于创变。具体而言，就是个人和团队都要勇于迎接变化，超越自我并创造新的自我，不断释放自己的“将星”才能。

军队的传统名言是：要么带头，要么跟上，要么躲开！而打胜仗的团队能够大胆说出：这个我来负责！这个我来领导！虽然这很难，但我们可以搞定！这两者都折射着一个强大组织的内在灵魂与外在气质，但前者是命令式的、居高临下的、压迫式的，后者则是自发的、自主的、自觉的组织行为。这两种组织文化对一个优秀的组织来说都无比重要，但我们也必须意识到，一个超人或少数“天纵英才”发号施令的时代已不复存在，小人物们携手“众创”奇迹、共同缔造历史正在成为一种常态。无论在军事还是商业组织中，这样的革命性演变随时随地在发生，它将在某种层面上颠覆我们对传统领导力的认知。

首先，在打胜仗的团队中，领导力与职务和角色无关，支撑它的是勇气、意志和至高无上的奉献精神。其次，领导力的深层次内涵是：让每个人为自己负责，为依靠你的人和你所在的组织负责，为同一个组织的同一个目标负责。团队中的每个人依然是“袍泽兄弟”，但每一位兄弟既是并肩作战的战士，同时也互为领导者，所以他或她都必须拥有健康的人格——价值观与行动力协调一致；拥有可信度和责任感；拥有宽阔的眼界和饱满的自信心；拥有热忱如一的服务精神，同时能够始终如一地表达自己。服务精神是当代领导力的基础。

打胜仗的团队必须有一套锋利如刃的策略，这就是布赖斯·霍夫曼（Bryce G. Hoffman）在《打胜仗的策略》一书中所系统阐述的“红队策略”。霍夫曼堪称卓越的“红队思想家”，他关于红队策略的理念、原则、方法与训练技巧主要源自军队的红队计划。美国自20世纪90年代起进入了长达10年左右的“上帝之国”的幻觉时代，最具标志性的是一位时评型学者弗朗西斯·福山（Francis Fukuyama）的成名著作《历史的终结与最后的人》（*The End of History and the Last Man*）横空出世；标志之二是众多物理学家、数学家、火箭科学家等纷纷加盟基金公司和投行，使得华尔街的资本赌博游戏呈指数级地扩张和泛滥，进而在左右美国经济金融化、虚拟化走向的同时，助长全球经济的金融化、泡沫化，美国精英阶层们普遍认为，享用“和平红利”的时代降临了①。

① 详见牛津大学新经济思想研究所掌门人埃里克·拜因霍克（Eric Beinhocker）所著的《财富的起源》（*The Origin of Wealth*）一书，本书简体中文版已由湛庐文化策划出版。——编者注

然而，“双子座”大厦的废墟让军队重建批判性思维，这就是美国陆军的尖端红队计划诞生的起因。“9·11”事件带给军队的冷峻警示是：战争没有沉没成本！打败仗的代价、遭遇失败的代价从来都是摆在眼前的，而打胜仗的代价则是自满自大。“自满自大是人性的一部分，群体思维也是人性的一部分”，人们很容易陶醉于一次或几次的胜利之中而忘乎所以，也很容易在大众的非理性盲从中失去判断力。“红队策略”就是针对人性和组织的常见缺陷而设计的一种“唱反调文化”、“唱反调机制”和“唱反调技术”。

必须承认，在组织中构建“红队策略”是一个相当困难的领导力工程，但缺失了这样的策略，组织必将付出沉重的代价。以色列边防军有一个“第十人原则”：如果前面的 9 个人在认知上高度一致，那么第十人就必须担当起“挑错者”“反对者”，甚至“破坏者”和“颠覆者”的责任。亚马逊公司有一条铁律般的原教旨文化，“你唯一可以做的，就是把所有东西推翻，从零开始！”“我们让某些人扮演魔鬼辩护人的角色，他们负责问所有真正难以回答的问题，他们的工作就是在我们完成的工作中挑毛病”“这就是我们自始至终所做的”。但可惜的是，拥有这样 DNA 的企业并不多，拥有这种禀赋的企业领导者则更是凤毛麟角。

华为：一个向中外军队学习如何打胜仗的企业范例

打胜仗的组织都是相似的，而失败的组织各有各的根因。华为，一家诞生于中国的私人合伙制企业，几乎是从零起步，30 年后一跃成为全球信息技术行业的领先者之一。使其快速崛起的因素有很多，包括理念创新、制度创新、技术与产品创新等，但不容忽视的最重要的一点，就是它有一支由近 20 万人组成的敢作战、能作战、善作战的商业军团，30 多年来一路披荆斩棘、一路打败仗与打胜仗，但打胜仗的次数要远远多于打败仗的次数。并且，即使打了败仗也绝不气馁，“从泥坑中爬出来的人就是圣人”，华为的创始人任正非经常用类似的语言激励追随者们。

乐观主义是华为文化的引擎，开放是华为的灵魂，向世界上一切最先进的组织削足适履式地学习，是华为追赶和超越竞争对手的核心密码。IBM 等西方咨询公司“教会了华为怎么爬树”，而向中外军队学管理，也在很大程度上塑造了华为英雄主义的组织气质，尤其是对标军队组织[①]进行的在组织文化与组织体制上的一系列变革，使得华为在成长为一个有一定历史的大组织之后，依然葆有强悍的战斗力和强大的凝聚力。有许多伟大的公司，比如福特汽车、联邦快递等也都从军队组织中汲取了丰富的管理营养，“你不会成为美军，但一定需

① 比如西点军校，西点军校的管理方法和教育方式一直对华为的组织建设影响很深。

要强悍如美军的团队”①。

华为的阶段性成功，也象征着其企业文化的胜利。使命、愿景和价值观是华为 19 万知识劳动者的精神旗帜，而这样的“形而上”也总能转化为一种从上到下的强大行动力和执行力，这是华为的“类军队”特质之一，也是东西方诸多成功企业的核心特质，本人在《理念・制度・人》一书中对此有系统阐述，不再赘言。这里想侧重介绍一下华为的自我批判文化和组织变革。

自我批判是一种文化自洁机制，也是一种制度化的纠偏机制，它从华为公司创立至今，一直通过多种多样的方式发挥着巨大作用，包括管理层从上到下长期坚持的民主生活会、华为全员参与的“罗马广场”心声社区、蓝军部等，某种意义上，这些都代表着一家企业在新技术时代所进行的广泛而深刻的“企业民主治理实验”，事实上，它正在内化成为华为管理者们和大多数员工的“蓝军思维”（军队称之为“红队思维”）、“蓝军策略”（军队称之为“红队策略”）和“蓝军行动”。换个角度看心声社区，也可以称之为华为的“红蓝军靶场”，公司几乎所有重大决策、决定、高管（包括任正非）的讲话、中高层管理者的某些管理动作和行为作风等，都会被置于华为 19 万人的舆论监督之中，被抨击或赞扬，被否定或肯定，而它的掌舵人任正非则

---

① 引自《赋能》一书封面文字。

直言：表扬华为的我不看，我只看骂华为的……事实上，华为集团层面的“蓝军参谋部”的唯一职能就是“唱反调”，这几年，蓝军部向公司高层输出了一批高质量的“唱反调”报告。

心存畏惧，则会保持警觉，并不断进行自我革命。正如布赖斯·霍夫曼所言：使用红队策略赢得一切竞争。换成华为的表达：运用自我批判（蓝军策略）赢得持续成功。

马丁·登普西将军在秘密视察军队一个前沿阵地时，一位上尉军官向这位陆军上将推荐了一本书：《海星式组织》（*The Starfish and the Spider*），并且解释说，“如果砍掉蜘蛛的头，蜘蛛就会死。但如果砍掉海星的胳膊，它还会长回来”“与海星搏斗得越剧烈，海星就会变得越分散，从而也就变得更具弹性和适应性”，上尉的话给了将军很大启发，并促使他不但研读了《海星式组织》，而且与这本书的作者奥里·布拉夫曼进行合作研究，《打胜仗的思想》一书就是他们的研究成果结晶。

无独有偶，从 2009 年开始，华为以“简化管理”为核心的组织变革也在同一个思想维度上展开：让听得见炮声的人指挥炮火；眼睛对着客户，屁股对着老板；一切为了前线，一切为了胜利；做强子弹头……尤其是合同在代表处审结的变革试点，其观念与操作方式与军队在信息技术背景下的组织变革有诸多相似之处：中心化的权力正在导致我们的世界变得更危险；领导者的专长在于定方向和定战略，而不是控制和告知；决策速度、执行速度和应变速度决定生死成败；向下充分放权，赋能并赋权于基层的每个细胞……

任正非这两年经常讲到“八爪鱼”——“八爪鱼的每个爪都是一个小脑”。八爪鱼与海星在生物机理上非常相像。看得出来，华为今天和未来的变革方向，是在谋求创造一种蜘蛛网与八爪鱼相融合的新组织变种。这将是华为战胜大企业病的一种激进尝试，而登普西将军的《打胜仗的思想》也许能够对包括华为在内的许多大企业带来启迪。

对“打胜仗系列”的阅读建议

领导者、管理者们在阅读“打胜仗系列”的 3 本书时，应该反思和讨论以下问题：

◎我们如何保持团队中的每个人对打胜仗的饥渴？

◎我们如何保持每个组织单元对打胜仗的信念？

（一艘破船可能让整个舰队全军覆没）

◎我们如何让团队始终保持精悍、灵活、快速反应？

◎我们如何保持整个组织对打胜仗的激情？

◎我们如何战胜许多大公司的自满诅咒症？

◎我们如何能够在每一次无路可退时蹚开一条胜利之路？

（每个伟大的组织都在其历史上有过无数次绝境逢生的经历）

◎……

总之，“打胜仗系列”是关于新技术时代的领导力原则和组织变革的一套新观念丛书，也是关于在变化与动荡的时代个人与组织如何赢得成功的一套操作指南，丛书策划者将3本书的主旨提炼成“打胜仗系列”，既把握住了以军人作者为主的3本书的精髓，又简洁有力，具有穿透力。军事理论与军事用语总是能够切中肯綮，对以效率和执行力为灵魂的企业和企业家们来说，显然更有实际价值。任正非在回答CNBC（美国消费者新闻与商业频道）记者关于华为为什么经常使用一些军事用语的问题时说：“因为（军事词汇）很简单，没有好的名词来形容，就用了这些名词。”相比而言，商学院发明的一些管理理论和术语与复杂多变的企业实践相比，似乎总隔着一堵雾墙，也许这就是学术之为学术的原因吧。

自序

领导力、权力和控制的关系已经转变

最美妙的事情往往来自最意想不到的合作，这一信念是本书真正的核心。基于这样的信念，我们开始检视如今领导力所处的环境，并分享关于如何在此环境中前行的思考。我们中的一个是 41 岁的加州大学伯克利分校教师，另一个是服役 41 年的陆军将军，其实并无多少相同之处，但我们都拥有一个深信不疑的信念：在商业往来中，在本地社区里，在国家层面和国际事务上，我们所面对的绝大部分难题，都可以通过更好的领导力得以解决。一路走来，我们领会到，倾听彼此是合作的第一步也是最重要的一步，对多元观点的包容总会带来令人惊喜的和有价值的领导力洞见。最终，我们得出了一个洞见，并且了解到如何才能传播这一洞见。随着时间流逝，我们愈发将传播这一洞见视作更艰难也更重要的任务。

大家可能都会同意这样一个观点，即这个世界从 2001 年开始发生了剧烈的变化。我们还发现，从 2001 年开始，这种变化的特征和节奏远比我们预想的显著：在商业环境中，在政府机构里，在国际关系中，甚至是在我们的国家认同感上，那种可预见的和熟悉的“万物的秩序”都受到了挑战；全球同业竞争压力不断加大，新技术持续出现和扩散，并且 2010 年以来几乎每个人都可以随时随地获取数据和信息。目前公司、军队和国家的领导者在过去很长时间里都拥有着不容挑战的权威，现在却明显地感受到自己的权力正在受到侵蚀。领导者的本能是施加控制，但这是错误的本能。

尽管世界已经改变，可是我们看待领导力的方式并没有跟上世界变化的步伐。如果目标制定得太迟，还用错误的指标进行衡量，并由一个没有足够能力的团队来实施它，而实施的过程又过于自信的话，那么通常结果都不会令人满意。

这本书将挑战并刷新我们对于领导力的思考。这并不是说，我们作为领导者一直在做的那些事情将不再有用。事实上，我们建议其中的某些方面还应该加强。但是，我们也会建议领导者开始建立一些越发重要的领导力原则和本能。如果希望自己的领导力能跟上时代的发展，并能应对时代所带来的新挑战，那么我们就需要仔细思量和认真对待这些领导力原则和本能。

《打胜仗的思想》并不是对政治领导力的评述。尽管我们认为，本书对那些需要赢得选举来带领国家在当下这个时代“打胜仗”的领导人来说也会有所帮助，可是我们更相信，本书将最能引起机构领导者的共鸣，特别是那些面对产业、市场和文化变革的领导者们的共鸣。这本书探索的是当一个组织的 DNA 突变时将会发生什么，我们应该如何应对。

无论是作为家庭成员、学生，还是公职人员，归属于一个比我们自身更大的社群或事业对于人性来说是最根本的需求。这种根本性反映在三个具体的方面：**归属感塑造我们的身份认知，归属感给予我们安全感，归属感创造我们生存需要的秩序。**

我们通常会根据自己所加入的社群来定义自己的身份，比如“我是个父亲”“我是个士兵”。成为社群的一部分反过来又给予我们安全感，比如父母会为子女牺牲一切，工作搭档会为了帮助伙伴完成项目而加班到很晚，等等。总之，成为一个社群的一部分意味着有其他人与我们共同为获取成功而努力。最后，成为一个社群的一部分，也意味着我们可以期待同伴会遵守一套确定的规则，使得我们的日常生活是可预测的并因此事半功倍。

我们在邻里社区中聚会，为运动队举办训练营，为学校设置招生考试，借此为那些达标者创造出一种归属感。士兵们为了帮助自己的战友愿意做任何事情，哪怕违背自己的利益。这种纽带是如此紧密，我们还为此取了一个名字——袍泽兄弟：他们是袍泽兄弟，因为共同经历了新兵训练，因为都穿着同样的军服，因为都为了同一个国家而战斗。

但是，如果一家公司或一个国家的组织结构产生了一个简单的变化，会发生什么呢？如果一个社群在挑选成员方面不再是有选择的或是不再有任何准入门槛，而是任何人都可以加入，那又会是怎样一番景象呢？

我们将首先研究那些打破组织藩篱和防卫的力量。我们将探究选择性，或者说边界控制所带来的经济成本，而这样的经济成本可能是合理的，也可能是荒唐的。

控制的成本是什么？很明显，在大门设置岗哨是有可衡量的经济成本的。但是，在实施控制时，我们可能正在付出一个更严重的且难以衡量的代价：我们可能会失去正确地看待现实的能力。

我们生活在一个复杂的、不可预测的且快速变化的世界，这已经成为一种陈词滥调了。事实上，这种说法实在太陈旧，以致我们认识不到人们受其影响有多深。

1770年，约翰·亚当斯（John Adams）宣称：“事实是坚不可摧的东西。”而今天我们要辩证的是，事实是很容易受到影响的。新兴技术使事实变得越来越脆弱，所有人很快都将难以辨别什么是真实的。简单地说，我们即将进入一个事实不再可靠的时代。我们原本认为百分之百准确的信息可能存在缺陷，甚至即使我们卖力地去寻找真相，这样的努力也可能会是徒劳的。

2004年，拉尔夫·凯斯（Ralph Keyes）在他写的书里使用了“后真相”一词，来描述历史的一个新兴时期。在这个时期中，“真相和假象，诚实和不诚实，虚构和非虚构之间的边界已经变得模糊不清了”。

我们从以上观察出发，来探究这个世界将如何变化。在这个世界中，当我们想要理解周遭的现实时，不再有关于事实的辩论，而只有叙事上的竞争。随着竞争性叙事争相呈现世界的景象，我们将更难确定什么是真实的和准确的。

欢迎来到“数字回声”的时代，这是一个信息更快速地从个人传递到个人的时代，也是信息时常在传递过程中变得扭曲的时代。

我们会非常细致地解释数字回声这一现象，不过必须先指出非常重要的一点，那就是要从最开始就注意到数字回声是一股中性力量。它可以告知、误导、教育、娱乐、激发人类精神，使人类富有同情心，或释放最黑暗的本能。它既可以激发像“冰桶挑战”①这样慷慨助人的公益行动，也可以激起某些人的仇恨意识。它既是对领导力的挑战，也为领导力的发展提供机遇。

关于数字回声，有一件事情是确定的，那就是它让我们产生了对包容的需求。在这个新世界中，我们需要充分利用包容来更好地获取周遭世界的信息，同时有效地传递我们的声音。

为了帮助你完成这两件紧要的事情，我们提供以下这些具体的领导力原则，以创造包容的环境。

1. **创造共同的回忆，打造归属感。**组建团队的第一步是培养成员的归属感，如果领导者不能让其追随者产生归属感，那么他的追随者就可能被其他人或其他事情所吸引。数字回声的普遍存在不仅使这件事有可能发生，而且使它发生的可能性变得很大。

2. **连接努力与意义，为追随者赋予意义感。**领导者需要让团队成员相信他们的付出是有意义的，这对于团队的成功无

① 2014 年由美国波士顿学院前棒球选手发起的活动，旨在唤起公众对于肌萎缩侧索硬化症的关注。——编者注

比重要。每个人都愿意相信自己会有所作为。领导者要帮助其追随者理解他们为此需要做什么。

3. **学着想象，创造性地解决问题。**我们鼓励领导者通过终身学习来发展正念、觉知和想象力。我们自己相信，也会让所有有志于做领导者的人相信，想象力是一种可习得的特质。

4. **快速行动，杜绝决策瘫痪。**领导者在面对复杂问题时，必须寻找可以马上做的事，以避免决策瘫痪，必须立刻采取行动来改变环境并从中学习，然后再次采取行动，以审慎的、有意识的模式持续学习和主动引领团队。

5. **共创语境，协同组织的每一个层级。**我们将会讨论那些最高效的领导者是如何自下而上地收获经验和为组织赋能的。我们会展示在决定组织“做什么”的同时就“如何做”进行各层级的分工所带来的诸多益处。

6. **向下属放权，更要向盟友放权。**我们强烈地主张，想要为复杂问题找到最优的、持久的、可负担的解决方案，就需要领导者重新考虑他们对于领导力、权力和控制的理解，并重新平衡这三者的关系。

此外，领导者的三大本能是：**倾听、强调与包容。**

无论是原则还是本能，都不是一张可以随意点选的菜单。优秀的领导者必须理解并实践其中的每一样。

我们给这本书取名为《打胜仗的思想》，因为我们相信，传统的领导力、权力和控制的关系已经转变了。通过那种强调排他性、充满嫉妒心的大男子主义和攫取更强管控的领导方式来解决问题，只会带来不理想的、脆弱的和成本高昂的结果。因此，我们建议领导者要重新平衡领导力、权力和控制之间的关系，更多地强调包容，强调有选择和有目的地放弃控制来加强权力，更少地从权力和控制的角度界定成功，而且要更多地以找到最优的、持久的和可负担的解决方案来界定成功，这才是在新的时代中带领组织“打胜仗”的思想。

这会令你感到意外吗？有可能。但是，随着数字回声的扩展、复杂问题的倍增、不确定性的增加、新兴技术的指数级改变和风险的上升，领导者们势必要通过与团队伙伴共同应对挑战的方式来领导，而不是面对挑战大包大揽。也就是说，本书对于领导力的建议，并不是在说“拥有权力已变成一种负担，所以领导者应当交出得之不易的权力”，而是想说领导者必须培养出一种本能，能够发现各种机会去分享控制权，从而保存甚至加强手中的权力。

这条建议是很务实的。我们建议领导者在解决问题时分享控制权，并不是因为想要呼吁实现所谓的“人人平等”，而是想要更高效地解决问题，凝聚一切支持，共同完成不可能完成的目标！

最后，我们选择用“打胜仗的思想”来形容这种包容，因为包容能够帮助领导者更好地应对当下遇到的极端挑战。我们相信，集权仍然会存在，排他性仍然会形成，但是它们再也无法长久存在下去了，因为这是一个可以看见一切的世界，一个技术打破一切障碍的世界，一个期望值不断增长、差距愈加明显、信任日益减少的世界，一个节奏快得令人感到麻木的世界。

如果我们的想法是对的，即商业、产业、国际关系和国家安全等各种事务所处的环境是需要悉心经营的，那么，**只有那些能够善用包容力量的领导者，才能获得持续的发展和持久的成功，才能一路“打胜仗”。**

目 录

RADICAL INCLUSION

第一部分

我们为什么
需要打胜仗的思想

RADICAL INCLUSION

第 1 章

我们需要听到多元的声音

测一测你对打胜仗的思想了解多少

1. 下列关于“数字回声”的说法，哪一项是错误的？

   A. 指信息更快速地从个人传递到个人，同时在传递中容易变得扭曲的现象
   B. 既是对领导力的挑战，也为领导力的发展提供机遇
   C. 中性力量，既能激发同情心，也能让人释放最黑暗的本能
   D. 数字回声时代，要让自己的声音被听到，势必要更加敏感和犀利

2. 数字回声时代，我们对于“包容”的需求更为迫切，以下哪一项不是原因？

   A. 人类即将步入“事实不再可靠”的时代
   B. 包容让我们尽可能地接近信息源头，接近真相
   C. 就算动用所有资源，我们可能也无法辨别什么才是真相
   D. 包容意味着我们要对所有的声音全盘接受

3. 在真假难辨的数字回声时代，下列哪一项做法是正确的？

   A. 结合网络文章和朋友的讨论，就认定“气候变暖”的说法是错误的
   B. 针对伯克利分校失控事件的不同版本，应果断相信校警的判断
   C. 在难辨真相时，以包容的心态探索多方信息，尽可能地接近真相
   D. 在社交平台上看到对大型火灾事故的报道，就相信它是真的

扫码下载“湛庐阅读”App，
搜索“打胜仗的思想”，
获取各章测试题答案。

“战争的迷雾”笼罩伯克利

校警萨布丽娜·赖克（Sabrina Reich）警官与我们在加州大学伯克利分校内的斯普劳尔大厅的地下室交谈时，她的表情平静而专注。但当她说到“在整个校园的历史上，那天发生的事情是前所未有的，我们从未预料到会发生这样的事情”时，她的声音还是明显改变了。

她说的“前所未有”是指那些戴着面具、自制燃烧弹、损毁财物的抗议者，他们眨眼之间将伯克利校园变成了“战区”，几十个普通市民走上街头参与到全副武装的冲突中。

最令人担忧的是，这场失控的抗议活动看起来像是突然发生的。校警们完全震惊了，甚至他们只是呆立在那里看着。这一事件的冲击波一路传到了白宫，加剧了联邦政府与加州之间的紧张气氛。

没人知道这是怎么发生的。那一天是 2017 年 2 月 1 日，周三，一个阳光灿烂的日子。被严重的干旱困扰了数年之后，加州迎来了渴望已久的充沛雨水。这一周，雨水稍停了。一天下午，气温开始升高，加州大学伯克利分校的学生们在斯普劳尔大厅的台阶上闲坐着晒太阳。

加州大学伯克利分校南面一小时车程外就是斯坦福大学校园，那里有精心打理的棕榈树林立的主干道，而相比之下，加州大学伯克利分校有种明显的粗犷感。这是个位于城区的校园，在这里，你偶遇一个鼓乐队和卷入一场政治辩论的概率是一样的。排在你前面买咖啡的那个人可能是一个嬉皮士，也可能是一个诺贝尔奖获得者——加州大学还为诺贝尔奖得主设有专属停车位，他甚至可能是个荣获过诺贝尔奖的嬉皮士。

在硅谷，科技初创公司和风险投资家越来越受到关注，但是如果你不了解伯克利分校正在发生什么的话，同样是不可能了解硅谷的。我们常常以为颠覆性的创新来自那些大型科技公司总部所在地，比如圣何塞（San Jose）、丘珀蒂诺（Cupertino）和芒廷维尤（Mountain View），同样地，门洛帕克（Menlo Park）、帕洛阿尔托（Palo Alto）的那些风投基金也调度着数十亿美元。但是，伯克利分校才是社会想象力的中心，这里是硅谷意识的发端。

正是站在斯普劳尔大厅的台阶上，马里奥·萨维奥（Mario Savio）[①] 发

① 美国著名政治活动家，加州大学伯克利分校言论自由协会领袖，以其慷慨激昂的演说而闻名。——编者注

起了自由演说运动。1964 年，他穿过行政大楼的大门，开始了最早的静坐示威。从民权到动物权利保护的各种抗议运动也正是从这里发起的。

加州大学伯克利分校对于校园中的多元言论习以为常，对有争议性的发言也并不陌生。举个例子，在艾滋病流行高峰期，加州大学伯克利分校分子细胞生物学教授彼得·迪斯贝格（Peter Duesberg）发表了一次讲话，他说艾滋病并不是由病毒引起的，而是毒品和派对的产物。抗议者们反对这个演说，预言它将对艾滋病相关政策产生影响。事实上，南非政府的艾滋病相关政策正是基于迪斯贝格的理论而制定的。

几十年来，伯克利分校一直以自己对抱有各种思想言论的成员的兼容并包而自豪，这些成员从宗教抗议者、反核运动者到特立独行的裸体主义者不一而足。学校和社区对于各种言论是如此宽容，甚至本地商家有时还会赞助抗议者，付钱给他们，让他们在抗议标牌的背面印上广告。当一位激进的保守主义者宣布将伯克利分校作为其“对社会公平制度全面开战”巡回演讲的最后一站时，你肯定不会料想到这将引起一场实打实的“战争”。

在之前发表演讲的一所大学，这位保守主义者的出现导致了校长辞职；而在他发表演讲的另外一个场合，由于抗议者越聚越多，骚乱中一个围观者受重伤。其他大学害怕发生类似的结果，赶紧取消了他的活动。

在他出现在伯克利分校的那天，紧张气氛高涨。学生们的焦虑情绪很大程度上是由这位激进人士可能要表达的观点引起的。各个校园团体担心的是，这位激进人士可能会做出像揭发无合法许可的学生群体这样的事情来。诸如此类的谣言已经在社交网络上漫天飞。而学校的学生事务办公室 2 月 1 日发给全体伯克利学生的一封公开信，又使这些担心显得不是空穴来风。

学校管理者害怕在抗议者中发生暴力冲突。于是加州大学校警介入了，要求伯克利分校筹款 1 万美元来支付安保费用。这笔钱起初看起来并没有白花，因为当晚是从一场平静的抗议活动和舞会开始的，舞会的背景是霓虹灯闪烁的行政大楼。

这时，事情发生了转折。

根据一家全国性媒体所报道的一个版本，事情的经过是这样的：下午 5 点 39 分，学生抗议者开始封锁场地的入口，21 分钟以后这位激进人士撤离了；6 点 03 分，情况急转直下，当抗议者打破学生大楼的窗户并扔掷燃烧弹时，事态被激化了，燃烧弹引起了火焰，在斯普劳尔广场引发了火灾。

第二天，白宫方面一则几乎不加掩饰的威胁性声明加剧了局势的恶化。白宫表示：如果加州大学伯克利分校不能确保言论自由不会被学生暴力所打断，也许作为大学它也不配得到联邦拨款。

撇开政治因素，你可以看到这一担忧的来源：一所以包容为荣的大学怎么能容忍学生为不满他人言论而破坏公物的暴力行为？其实，当个“事后诸葛亮”并不难，人们可能会认为学校应该施加更多管控，雇用更多的警员，审查学生社团以防止可能随之而来的骚乱。但是，事情好像并没有这么简单。当我们再往深处多挖掘一点时，就发现行政当局、媒体，以及几乎每一个追踪这件事情发展动态的人，全都彻彻底底弄错了。

这个“学生们是罪魁祸首”的事件版本的漏洞在于，抗议行动的学生组织者其实是一个主张非暴力意识形态的社团成员。试想一下，这些学习发展学和环境科学专业的学生，成天沉浸在“社区精神”“全球意识”这些名词里，他们可能会因为违纪行为而受到处罚，但是他们并不是会采取暴力行为的人。

事实上，正因为清楚抗议人群一旦情绪失控可能致使事态紧张，组织者们花了很大力气强调他们的非暴力意图。“我们来这里绝不是为了搞什么肢体冲突的，”他们在发放给群众的传单上写道，“我们会相互保护来确保彼此的民主权利和人身安全。”集会的邀请函上甚至包含了给参加者的安全提示，包括出现医疗紧急情况时拨打的电话号码，以及如何找到经过培训的法律观察员，这些法律观察员会在现场记录潜在的挑事者和任何可能发生的事故。

可见，学生团体是有组织、有准备地想要举行一个和平抗议活动的，就像过去几十年在斯普劳尔大厅外面举行过的那些活动一样。但是忽然间每件事情都走偏了。抗议活动失控得如此迅速，暴力冲突突如其来。而且没有人确切知道这后面是谁或者是什么力量在搞鬼，甚至连赖克警官都无法解释。

打过仗的人都知道，最危险的攻击是那些悄无声息的攻击，最致命的打击常常是让人措手不及的。军人们将这种即将大难临头，人们却视而不见的情形形容为“战争的迷雾”。对于敌方，你可能一无所知——你不知道他们的位置、数量、能力和目的。

但是请想想看，如果这个迷雾不仅仅阻止你接近真相，事实上还说服了你相信错误信息是正确的，那会发生什么？从商业的角度来看，假设你不仅搞不清客户的数量，而且还对错误的客户数量确信不疑，会怎么样？只有在我们对错误信息深信不疑的情形下，困境才会突如其来，并让我们在遭受打击时呆若木鸡。

组织总是会面对一定程度的迷雾，它能做的就是尽最大的努力驱散迷雾。军队运用地面侦察、截获通信信息、高分辨率卫星、夜视追踪技术等手段来分析敌人。商业组织分析市场趋势，以找出并超越竞争对手。但是，如果你获得的信息不是事实而恰恰蒙骗了你，会发生什么？**在战场上和“商战”中真正危险的是，你自以为已经胸有丘壑，而实际上你连自己看见的是什么都没有理解。**

这和发生在加州大学伯克利分校的情形一模一样。在没有人注意到的时候，“战争的迷雾”弥漫了校园。攻击根本不是它表面上看起来的样子。这就回到了我们和赖克警官的对话。

赖克警官以及她的校警同僚们，都全力以赴保护着学校和社区。但是要针对一场攻击实施保护，她需要了解是谁发起了攻击。

谁煽动了伯克利骚动？这个根本性问题所带来的复杂后果，远远超出了伯克利校警乃至整个城市所能承受的。当赖克和她的同事们还在试图找出那场抗议活动中究竟发生了什么时，美国国家层面的两派政党就已经在编撰事情的不同版本了。

当一场抗议活动中爆发了暴力事件时，人们的矛头很自然会指向组织者。但是正如我们已经提到的，这些组织者是不崇尚暴力的。如何组织一场和平的抗议活动，就连圣雄甘地都可以从他们那里学到一二。就算我们相信煽动者是这些学生组织者，相信他们不顾自己成员的安全而转向了使用暴力，那么为什么他们会在校园所有建筑物中选择学生大楼作为目标呢？要知道这个大楼可是所有学生社团的所在地。这么做不符合常理，他们并没有对校园的这个部分下手的动机，而且他们过去也没有类似行为。要么就是发生了一些完全没预料到的事情，使这些热爱和平的自由派突然转变成狂热的好战分子，要么就是还有什么别的故事被大家忽视了。

这正是赖克警官回顾整个事件时心里所想的。有些事情实在不合道理。但是如果不是学生组织者造成的骚乱，那是谁干的？

“我们相信，”赖克警官告诉我们，“这里面有被收买的校外人士。”

这听起来像疯狂的阴谋论。没有关于有人被收买的任何证据，也没有人知道这些抗议活动的发起者究竟是谁。但是，有一位伯克利校警承认这是她的首要推论。目前为止，我们唯一能确信的是“战争的迷雾”在伯克利上空变得更厚重了，而且这团迷雾还飘散到了全国各地，困惑着每一个想弄懂这件事的人。

最后，这次事件的来由有了三个完全不同的版本，每一个都很难自圆其说。是加州大学伯克利分校的学生失控了？是校外人士被收买来打砸校园？还是政客和媒体策划了一出与竞选挂钩的闹剧？

你可能会想，至少有两种说法是错的，另外一种是对的，是这样吗？并不一定。也许警察、大学教授、政府，还有报道这次事件的媒体都是按照自己亲眼所见来进行描述的，他们都错了吗？

在试图找出那天晚上谁是使抗议活动失控的煽动者的过程中，我们发现了一种全球趋势和一场正在我们鼻子底下发生的“战役”，可是就连最仔细的观察者都没有觉察到这场“战役”的发生。

鞋店叔叔的偏见

著写此书的作者之一奥里·布拉夫曼和他教哲学的叔叔在一次圣诞节家庭派对上聊天儿。叔叔研究的是语言和认识论，他俩讨论起了假新闻，以及在不远的将来它将会如何影响我们识别真相的能力。谈话的过程中，另一位叔叔加入了进来，他是一位理疗师，开了一家面向运动员的专业鞋店。这位叔叔是全国顶尖的跑鞋专家，他甚至还拥有一项制鞋机器方面的专利，这个机器可以测试出一双鞋子的稳固性是否适合某个特定的跑者。

一如家庭聚会上经常发生的那样，谈话转向了国际事务。鞋店叔叔说他曾经读到过一篇文章，其中讲述了一位哈佛大学的教授证明了关于气候变暖的科学论述是错的。“我的意思是，他说的没错，”鞋店叔叔说，“这个冬天旧金山的温度的确不高。”

哲学家叔叔当然是站在与鞋店叔叔对立的一端的，所以布拉夫曼管住了嘴没有出声，在一边安静地坐着“观战”。哲学家叔叔并没有针锋相对，而是问鞋店叔叔他是如何得出结论的。

鞋店叔叔说他是在网上读到这些信息的，他的一些朋友都是成功的商人，他们也读过并且认同同样的观点。哲学家叔叔提到了大量支持气候变暖言论的杂志和文章，但是鞋店叔叔根本就没怎么关注过这些杂志和文章。

正如布拉夫曼一样，我们也不打算在此评论气候变化问题的孰是孰非。但我们不妨从一个相信气候变暖言论的人的角度，来看看鞋店叔叔的观点。

我们需要注意到，鞋店叔叔不是在对一个毫无根据的观点喋喋不休，他实际上是理智的。他在自己认可的出版物上阅读关于气候变化的文章，同时关注他信任的人在社交媒体上说了些什么，然后才得出一个尽管有争议但却是理性的结论。他绝不是非理性的，而是通过吸收摆在他面前的信息和所谓的群体智慧得出了一个结论。换句话说，他不仅在查找和阅读相关信息，而且还通过一个在统计学上成立的方法来验证这些信息。他只是可能没有觉察到自己所仰仗的群体智慧也会有明显的偏见。

尽管我们有时会感觉自己比那些怀疑科学数据的人更优越，但我们很快就会遭遇与他们同样的命运。鞋店叔叔在收集信息和形成判断时，没有考虑到“数字回声”的时代因素。这并不是只会在他身上发生的情况。

就算动用所有可用的资源，我们也会很快发现自己无法辨别什么才是真相。加州大学伯克利分校的抗议事件就是这种情形。让我们再看看两个其他的例子。

首先，来看一起最近的闹剧。在机器人程序的帮助下，Twitter的算法得出了“路易斯安那州一家化工厂失火了”的结论，当地新闻甚至都报道了这起火灾。当他们派了一个记者前往现场之后，才最终了解了真相——路易斯安那州根本没有发生任何火灾事故！但是，如果当地新闻界被分散式网络所取代，又会发生什么呢？

换句话说，如果任何人都可以生产一个新闻故事，将会发生什么？在这个假火灾的故事里，社交网络上可能存在着同一个故事的两个不同版本。一个版本会说事实上没有火灾，还配有表明现场没有燃烧痕迹的视频；但是，同时也会有另外一个版本，绘声绘色地报道火灾，并附上照片来展示火灾和受害者情况。

现在来看看，在未来一项指控究竟意味着什么。比如，有消息说某个国家使用了化学武器，或者参加了某次战争，那么公众会有能力分辨它是否属实吗？

接下来的第二个例子可能会听起来更为荒谬。2016年12月27日，曼谷的一个抗议者向一幢政府大楼扔掷爆竹。Facebook上立刻有未透露名字的“可靠的第三方”发出预警说“这可能会引起爆炸”。紧接着就有其他用户开始排队汇报自己尚且“安全”的消息。Facebook上的预警链接了一条BBC的“突发新闻”，其中援引了曼谷发生爆炸的新闻画面，而事实上这个爆炸事件是发生在一年前的事情。但各个新闻节目看到了BBC的链接，就冲动地认为这明显是一次重大突发事件而忽视了录像上显示的时间，仓促地写出了自己关于此次“爆炸”事件的故事版本。

这个错误当然很快被发现了，Facebook上的预警消息也很快被删除了。在过去，新闻报纸可能根本还没有来得及印刷这个故事，播出错误报道的电视新闻节目就已经对其进行了纠正。但是，当新闻通过网络以指数级的点击速度传播时，“爆炸”的新闻几分钟内就会传遍全球，甚至在Facebook已经纠正了错误之后还在继续传播。现在，如果你在谷歌上搜索“2016年12月27日，泰国炸弹爆炸”，搜索页面的第一条很有可能就是那个基于错误信息传播开来的故事。

把这种情形叫作“假新闻”并不一定准确，因为它们可能是在没有任何故意欺骗意图的情况下发生的。一则不准确的新闻故事，哪怕这种不准确是无心之失，也会产生“数字回声”。哪怕源头信息可能已经被纠正了，但在分散式网络上回荡的回声也会经久不衰。

发生在伯克利的真相

还记得关于谁该为伯克利那场失控的抗议活动负责的问题，我们有三个不同版本吧？第一个版本归罪于学生失控了，第二个版本归罪于被收买的校外人士，第三个版本归罪于政客和媒体。

布拉夫曼对伯克利校警的说法并不满意，他继续挖掘事实真相。他询问了一个曾为美国情报机构工作的学生，但是一无所获；他还问了一些教员，但是他们同样也很困惑。最后布拉夫曼想起他的一位学生曾经写过一篇关于社会团体结构的论文，于是就去向这位学生请教看法。这位学生不打算在电话里说，于是布拉夫曼和他约在离学校不远的一家小餐厅见面。“你有什么消息？哪一种说法是对的？”布拉夫曼问道。“一个都不对，”这位学生说，“他们全错！”

这样一来，我们就有了第四种说法，这个说法来自布拉夫曼的学生。校外人士的确卷入了抗议活动。他们打碎了学生中心里面亚马逊和银行店面的窗户，来表达自己对贫富分化的严重不满。但他们并没有被任何人收买。因为太害怕被发现，他们甚至都没有通过社交媒体互相联络。事实是，在那天晚上的某个时刻，一根热光灯柱子倒下了并起了火。根本没有什么自制燃烧弹，那些孩子们根本不知道怎么制造燃烧弹。

但当媒体报道现场有人投掷了自制燃烧弹后，加州大学伯克利分校校警认为校园受到了“准军事程度”的袭击。伯克利校警没有进行抓捕，因为他们相信自己面对的是远远强于自己的力量，他们甚至选择了撤退。于是局势才没有维持住，并持续走向了失控。换句话说，“数字回声”影响了现场警方的实时行动，导致了随后的事态恶化。

我们要强调，在这个事件中没有任何一位执法人员疏于职守。执法人员只是和鞋店叔叔一样，对呈现在他们面前的信息采取了理性的反应方式。这些信息来自不可靠的源头，却因为被不断转发和传播而被迅速放大，甚至显得真实可信了起来。校警成了“数字回声”的受害者。而类似的事情也可能发生在我们任何一个人的身上。

处在一个越来越难以验证事实的世界里，包容变得更加迫切。它让我们尽可能地接近事件的信息源头，还为我们提供了揭示真相的最佳机会。

无论我们多么努力，仍然会有无法辨别“真相与假象”的情况发生。当可验证的真相缺失时，不同的说法会激烈争夺各自的拥趸。**当我们不得不去辨别不同的说法时，包容就是最好的武器。只有充分利用多元化的声音，我们才能尽可能地接近事实的真相。**

打胜仗时刻

RADICAL INCLUSION

◎ 在战场上和“商战”中真正危险的是，你自以为已经胸有丘壑，而实际上你连自己看见的是什么都没有理解。

◎ 就算动用所有可用的资源，我们也会很快发现自己无法辨别什么才是真相。

◎ 处在一个越来越难以验证事实的世界里，包容变得更加迫切。它让我们尽可能地接近事件的信息源头，还为我们提供了揭示真相的最佳机会。

◎ 当我们不得不去辨别不同的说法时，包容就是最好的武器。只有充分利用多元化的声音，我们才能尽可能地接近事实的真相。

RADICAL INCLUSION

第 2 章

我们的声音需要真正被听到

测一测你对打胜仗的思想了解多少

1. 宣扬素食主义很难，因为它意味着让人们改变生活方式，下列哪一项举措最不容易让人产生抗拒心理？

   A. 向人们展示食用素食是可口的、好玩的，是肉食之外的另一个选择
   B. 将支持素食主义的同学聚集起来，举起横幅，宣扬思想
   C. 在肉食餐厅门口抗议，让肉食者知道他们的饮食习惯对动物多残忍
   D. 举办或参加辩论活动，为素食主义辩护

2. 下列关于事实和故事的说法，哪个是错误的？

   A. 事实必须基于逻辑，而叙事却是基于情感
   B. 事实需要验证才能发挥作用，而叙事只需要被传播就会获得力量
   C. 事实是关于对与错的，但叙事不关心对错，关注的是谁更有趣
   D. 事实是坚不可摧的，故事终究要围绕事实展开

3. 数字回声时代，下列哪一项举措能让企业用较低的成本有效地俘获用户的心？

   A. 面对“麦素包”，麦当劳依靠“商标侵权”的事实，首选用法律维权
   B. 丰田用广告轰炸策略应对“普锐斯与皮卡车车主恶意争吵”视频的负面影响
   C. 企业创造引人入胜、高点击量的视频故事来打赢舆论之战
   D. 面对舆论冲击，企业请正能量明星做代言来提升品牌形象

打败麦当劳的麦素包

时间回到 1995 年，也就是从这场发生在加州大学伯克利分校的抗议活动往前倒推 22 年，那时布拉夫曼正在斯普劳尔广场边上拖着一个金属拖箱缓慢前行。斯普劳尔广场正是煽动者们发起攻击的地方。布拉夫曼通常都是步履匆匆的，但是从他那天的步伐来看，他的速度简直堪比爬行。

他的行头很重，有两个折叠椅，一张牌桌，用蓝色厚橡皮箍捆紧的 20 沓小册子，还有一打糊好标语的硬纸板。所有这些东西都堆放在一个通常给小孩子当玩具玩儿的红色金属拖箱上，勉强保持着平衡。现在，这个拖箱上贴满了宣传标语。拖箱的左前轮和右后轮因为载重而摇摇晃晃的，在碾过水泥路面的小颠簸时发出嗒哒嗒哒的声音。

布拉夫曼如此慢腾腾地挪动有着心理上的原因。他不只是拖着一个沉重的拖箱，而且心情也一样沉重。简单来说，他害怕抵达那个几百米外的斯普劳尔广场，广场两边各有一排学生社团在“摆摊”宣传各自的活动。在一个曲棍球社团和一个环境保护社团之间，他找到了一个空位。

布拉夫曼支起牌桌，把宣传册整齐地摆成四排：他将关于伯克利分校动物研究的宣传册摆在第一排，将关于虐待灵长类动物情况的宣传册摆在第二排，将记录关于动物权利的哲学讨论的宣传册摆在第三排，将另外一些记录动物权利保护的历史背景的宣传册摆在第四排。接着，他架起了社团海报，那是一张黑猩猩被捆在金属装置上的生动照片，下面用大写字母写着“伯克利学生支持动物解放”（BERKELEY STUDENTS FOR ANIMAL LIBERATION，以下简称 BSAL）。

他叹了口气。辩论的时刻马上就要开始了。具有讽刺意味的是，布拉夫曼加入这个社团本来是为了结识新的朋友。他正在攻读大学课程，为了省钱，他没有住学校宿舍，而是住到了城里的另一边。糟糕的是，与他同租的是个精神分裂症患者，这人整日整夜地和自己脑子里的声音争吵。

所以那时，布拉夫曼还是个住在校外的大一新生，一位坚定的素食者，他希望能遇见气味相投的朋友。但事与愿违的是，现在他不得不和一位生物化学博士生就动物研究的有效性展开辩论。“你们这些理想主义者根本不知道自己宣扬的是什么。”这位博士生说着，声音越来越大。布拉夫曼试着用理性的方式去说服对方，但是气氛越来越紧张。这时候，曲棍球社团的家伙正在和一个皮肤黝黑、对校内赛季很感兴趣的大一新生聊得热火朝天。

布拉夫曼多么希望自己加入的是曲棍球社团，就算是环境保护社团也可以，那里吸引了一群嬉皮士正热情地讨论着海滩清洁项目。至少，那两个社团都吸引到了潜在的加入者。

几个星期之后，当 BSAL 组织了那个学期的第一次抗议活动时，伯克利分校学生支持动物解放的事情似乎有了一点儿眉目。在经过了严肃认真的招募，制作了特别的标语，并获得了市政府的许可之后，BSAL 在麦当劳餐厅外面组织了一场持续一整天的抗议活动。在伯克利分校的几万名学生中，有 7 个人参与了这次活动。

这一小群人举着标语牌，上面展示着在屠宰场拍的照片，他们还散发了描述屠宰场惨状的小册子，希望上面的图片能改变人们的想法。他们想象着一个路人可能会说："等一下，我很喜欢动物，这些地方真的在折磨它们吗？"

然而事实上，这样的对话压根儿没有发生。相反，人们拽着布拉夫曼进行辩论。与其说是辩论，不如说是单方面的长篇大论，他们认为布拉夫曼不是错了就是疯了。那些没有加入辩论的人，也就是绝大多数人，只是无视布拉夫曼和他的同伴们。我们在这里所说的无视，是真正的无视，就好像这些动物维权人士全是幻影一般。

但是布拉夫曼是不会屈服的。

到了中午，这群人已经在麦当劳门前站了三个小时。他们发出去了几百张传单，但是没能劝阻任何一个人迈进麦当劳餐厅。这时，一个中年妇女拽着她的小孩，朝着他们走来。她看起来就像是布拉夫曼妈妈的一位朋友，友好和善，布拉夫曼甚至已经感觉到自己愿意在有这样的母亲的家里长大了。这位和善的女士走近他们，布拉夫曼和同伴们向她微笑，心想："终于有人来支持我们了。"但这个女人什么也没说，而是走向布拉夫曼身边的一个人，朝他脸上吐了一口唾沫。她一边走开，一边朝这几个目瞪口呆的抗议者喊道："就属你们这些精英最高尚！"

拿这句话来斥责这群穿着二手衣服，主要靠吃扁豆和卷心菜活着的动物维权人士，可真是讽刺。但同时，且不管朝别人脸上吐口水是不是礼貌，这个女人的行为也是可以理解的。她只是想带着孩子来吃一顿让孩子开心而她又负担得起的午餐，但是却有一群抗议者声称这样做是不道德的。让我们认清一个事实，那就是健康的食物更昂贵，而且比随处可见的麦当劳更难获得。这位母亲一定气愤地想："谁把权力给了这些自视高人一等的抗议者，让他们来告诉我该做什么？"

“如果连做母亲的人都要朝我们吐口水，”布拉夫曼想，“那么我们的社团就必须要做出一些改变了。”他意识到，他和 BSAL 的伙伴们正在输掉“宣扬动物保护之战”。在接下来的几个月里，BSAL 暂停了抗议活动，潜心制定战略，弄懂如何真正做出改变，也就是如何与那些他们想接触的人建立联系。他们拿出了一些新的策略和点子，但是布拉夫曼发现无论他们做什么，BSAL 都无法和曲棍球社团之类的团体竞争，因为“动物权利保护”对于大众来说太无趣了。

一天晚上，布拉夫曼和他的朋友莱奥尔・雅各比（Leor Jacobi）开始遐想。“想象一下我们在麦当劳对面开了一个素汉堡店吧。”布拉夫曼说。“外面还有一个更好玩的游乐区。”雅各比加了一句。“是的！”布拉夫曼继续道，“我们就把这种素汉堡叫作麦素包吧！”

两个人停住了。雅各比的脸上露出微笑，他说：“我们可以这么干。”“开个餐厅？”布拉夫曼问。“不，开个‘仿餐厅’，”雅各比开心地说，“我们可以在斯普劳尔广场发素汉堡。”

从那天晚上开始后的几天时间里，雅各比一直坐在他的苹果电脑前，把时间花在用绘图软件做图上。他拿出来的设计突出了麦当劳著名的金色拱门标志，但是麦当劳的标语被换成“麦素包：拯救亿万生灵”。

值得注意的是，在几年前，除非雅各比是在广告公司工作，否则他是不可能有机会接触到一台可以做出这样的设计的电脑的。但是当时，就在他自己家的小小的房间里，雅各比设计出来的作品好极了！

麦素包代表着一种新的策略，那就是为素食者创造一种积极的叙事方式，它以一种很具体的形式呈现出这样的信息：成为素食者是好玩的！很潮的！你的朋友们都在践行素食主义！第二天，布拉夫曼、雅各比和他们的朋友马克·施洛斯伯格（Mark Schlosberg）建立了一个素食者网站。也是在同一天，布拉夫曼解散了BSAL。他认识的所有动物权利保护组织的主席都立刻给他打来电话，对他嚷道："你在杀死动物权利保护运动！""是的，我就是这个意思。"布拉夫曼回复道。

并不是布拉夫曼要反对动物权利保护运动，而是他已经意识到，辩论所竖立起来的隔阂决定了在这样的辩论中，他是不可能获胜的。一方面，在实验室使用动物做实验的科学家不可能成为动物权利保护运动的支持者。这使得一个由聪明人组成的群体完全被排除在外了，而这群人中很多人的研究目的就是希望通过治愈疾病或者获得有关健康的知识来帮助他人。另一方面，在辩论关于道德和动物权利的问题时，你敢肯定你是对的，而另一方是错的吗？

让我们暂停一下。问问你自己，在你的个人生活里或者职业生涯中，有多少次争论当中，你所在的一边是对的，但是你无法说服身边的人？有多少次，你作为一个小团体的一员，却感受到你们这个小团体与大组织格格不入？就算你这辈子从未举起过抗议标牌，又有多少次你感觉自己在向他人表达看法时就好像在对牛弹琴？

现在你就可以想象得到，让人们摒弃固有偏见，转向支持素食主义是一个多么难以达成的目标。记住，这可是在20世纪90年代中期，当时甚至很少有人听说过“素食主义”这个词。要到很久之后，才有大量的研究证明以植物为基础的饮食有很多益处。大多数人理解的吃素只意味着不吃肉。但是其实素食主义者是避免使用任何动物来源的产品的，鸡蛋、奶、皮革概莫能外。

更具挑战性的是，“素食主义”可不是一个从嘴里轻飘飘吐出来的悦耳单词，它是对生活方式的选择，而这种事关生活方式选择的引导是任何市场营销人员绝不敢贸然提出的。布拉夫曼意识到，他不仅要为说服人们放弃享用动物产品找到强有力的理由，也要求教于麦当劳这样的体系。

麦素包的目标是将素食主义以具有包容精神的方式呈现出来，甚至包容那些不吃素的人。不再辩论，而是创造一种叙事，在这样的叙事里，素食主义是可口的、好玩的，甚至是滑稽的。如果快餐连锁店能用小丑和游乐区推销它们的食物，布拉夫曼为什么不能这么做呢？

布拉夫曼的团队开始发放免费的素汉堡，他们穿着印有金色拱门的 T 恤衫，旁边是麦素包的吉祥物麦素叔雷吉（Reggie McVeggie）。在这么长时间守着桌子宣传动物权利保护也没人理睬之后，突然间，麦素包小站周围聚集了很多好奇的学生。

一个小时内，他们送出了 1 000 多个素汉堡。更有甚者，那些不吃素的顽固的肉食者也非常喜欢这些 T 恤衫，甚至想要花钱买下它们。人们突然之间爱上了这些动物维权人士，素食主义成了一种又酷又潮的反文化运动，也不再有人朝他们的脸上吐口水了。

雅各比和布拉夫曼还印了彩色的 T 恤衫和贴纸，在音乐演出时卖给朋克摇滚迷们。那些青少年把贴纸贴在自己的鞋子上、自行车上，还有帽子上。这个麦素包的标志成了一个好玩的时尚配饰。

一天，布拉夫曼注意到一个少年骑的自行车上贴着麦素包贴纸。“你是从吉尔曼（Gilman）那里买的吗？”他问那少年。

“哪儿？”那少年回应道，他压根儿不知道吉尔曼这个地方。吉尔曼是绿日乐队[①]那样的朋克摇滚乐队出名前的一处演出场地。少年

① 绿日乐队（Green Day），20 世纪 90 年代成立于美国旧金山的一支著名朋克摇滚乐队。——编者注

继续说道："不，先生，这是朋友给我的。我在麦当劳上班，所以朋友就把它给了我。"

麦素包吸引了朋克摇滚迷们，吸引了那些对大公司经营的快餐没什么好感的人，吸引了那些有点儿叛逆的孩子，也吸引了仅仅觉得这个想法很有意思的人。你完全可以穿着麦素包的 T 恤衫，继续吃着麦当劳的巨无霸。很快，其他大学的动物维权者也被这个故事启发了，举办了他们自己的麦素包活动。

但也并不是每个人都认为这件事好玩儿。布拉夫曼很多从事环境保护运动的朋友就表示反对，他们说麦素包还是在鼓吹消费主义，并且矮化了一个严肃的主题。他们认为，人们穿着素食主义 T 恤衫却继续吃肉就是明证，并表示实现社会变革的道路是捍卫事实、致力于政策变革。

另外还有一些对此不太高兴的人，毫不奇怪，那就是麦当劳的高管和律师。麦素包刚刚受到一点儿关注，麦当劳就威胁要起诉他们商标侵权。你怎么可能在法律诉讼上赢了麦当劳？雅各比、布拉夫曼和施洛斯伯格聚在一起商量，但考虑到他们的全部财产也只是几辆自行车，便轻松地做出了决定。说到底，他们还有什么可以失去的呢？

他们决定反击，但不是以你料想到的那种方式。他们意识到，这次与以前的那些抗议活动不一样，这次不能再挑起一场辩论了。

麦素叔雷吉是足以与麦当劳叔叔抗衡，甚至比它更有趣的小丑吉祥物，麦当劳的巨大恐慌都是因它而起的。在这点上，麦当劳必须要做出选择。麦当劳很自然会倾向于干掉麦素包和这个小丑吉祥物，让它们消失，这也是他们明摆着的策略。

实际上，这正是麦当劳努力去做的。此时，一些奇怪的现象发生了。麦当劳对麦素包的攻击，反而给麦素叔雷吉带来了更多的曝光机会，为其带来了更高的关注度，不经意间成就了这个故事。麦素包显得比麦当劳更有意思、更时髦。

突然间，麦素包 T 恤衫和贴纸的订单从全世界涌来。也就在此时，布拉夫曼有了一个根本的认知：**作为劣势的一方，参与讲故事的比拼，要比就自己的优点进行争辩容易得多。**

因为麦素包是包容的，任何人都可以成为其中的一员，所以除了麦当劳，没有人感到被麦素包严重冒犯了，也没有人成心要和麦素包作对。随着几篇正面新闻报道的出现，记者开始打电话来挖掘麦素包的故事。但是，布拉夫曼没有发起任何辩论，他装扮成吉祥物麦素叔雷吉召开了一场新闻发布会。

发布会的第二天，麦当劳就撤诉了。假设麦当劳当初选择了另一种策略，结果会怎样呢？假设当麦当劳认识到自己卷入了一场不同叙事之间的比拼时，选择不去试着赢得这场争论，又会怎么做呢？

叙事，就是正在塑造“新世界”的首要因素。正如我们所看到的，叙事，正对各行各业以及世界政治舞台产生越来越大的影响。具体而言，**世界正在远离针对事实的辩论，而是转向叙事之间的比拼。**

事实是关于对与错的，但是叙事，也就是讲故事，是不关心谁对谁错的，叙事所关注的是谁更有趣。

究其本质，事实必须基于逻辑，而叙事却是基于情感。麦素包可不是关于吃牛肉汉堡或吃豆制品汉堡哪个更合乎逻辑的争论。它只是单纯地宣告换个选择也很不错。麦素包是很有感染力的，就如同马戏团小丑的感染力一样强，或者类似宫廷中的弄臣角色。弄臣可以通过提炼国王的某个言行特点，扭曲它，并给予它一个新颖又好玩的解释，来跟国王逗趣。麦素叔雷吉让麦当劳叔叔打了个趔趄，就像在对大众说：“健康饮食也很有趣，你要尝试一下吗？”

事实需要验证才能发挥作用，而叙事只需要被传播就会获得力量。每个在自行车上贴上麦素包贴纸以抗议商业主义的朋克摇滚少年，都在传播着这个故事，每个权当这是个玩笑但也对此津津乐道的麦当劳员工，一样在传播着这个故事。就这样，麦素包变异了，它既可以被视作对快餐文化的批评，也可以被视作一个善意的恶作剧。

不像对待事实那样，没人会要求故事必须精确。故事是真相的衍生品，不是真相本身。所以，故事可以更灵活，因为它们是靠有趣而得到传播的，并非靠的准确性。它们不一定要在科学上站得住脚，只需要拥有引人入胜的情节即可。

这就把我们引入了问题的核心。事实要想持久存在，有赖于专家的验证，而故事则只需要被不断口口相传。这意味着你不能依靠证明与你对立的叙事在某种程度上是不准确的，来赢得一场不同叙事之间的战斗。要赢得关于叙事的战斗，只能靠把对方的信息彻底淹没掉。

想象一下，假如麦当劳没有把麦素包和麦素叔雷吉当作自己必须干掉的对手，而是从莎士比亚的《李尔王》中学到那句“小丑常常是预言家”[①]，情况会如何呢？换句话说，假如麦素包真的站上了新兴趋势的浪尖，麦当劳该怎么办呢？

实际上，1995 年之后，布拉夫曼就没有再花任何功夫在麦素包上

① 原文为“Jesters do oft prove prophets.”。——编者注

了，但是这一概念确实流传得挺久的。2015 年，行业出版物 *AgWeb* 刊出一篇文章，文章的标题是《麦素包：麦当劳前首席执行官加入 Beyond Meat[①] 公司董事会》。这个标题如果放在 20 年前，会让人觉得不可思议。然而唐·汤普森（Don Thompson）这位麦当劳前首席执行官，确实已经变成素食汉堡的拥趸了。

这并不一定意味着汤普森对汉堡的认识有了哲学意义上的转变，他更多的是在跟随市场需求。他不是唯一热衷于素食汉堡的企业高管，比尔·盖茨也加入了一个麦素包运动。显而易见的是，借助包容性的叙事，素食主义不再处于社会边缘。事实上，就在本书英文版付梓前几个星期，已经爆出新闻说麦当劳自己正在测评一种新的素食汉堡。叫什么名字？就叫麦素包。

假如麦当劳选择推广而不是试图压制麦素包，事情会怎样发展？如果它首先开发了素食汉堡并利用了这一市场潜力，又会是怎样的一番景象？

这里我们要表达的，不是说为了显得“友善”就要对各种想法都来者不拒，有些想法甚至一看就是荒唐又疯癫的。我们想说的是，通过包容，一家公司既可以对要求有一席之地的市场力量做出反应，又

① Beyond Meat 是一家素食汉堡生产商。——编者注

可以保持竞争力。想一想，对于麦当劳来说，调动营销团队比调动律师要容易得多，然后它便可以对麦素包这个概念大肆传播，甚至通过欢庆麦素包诞生的方式，将叙事的焦点汇聚到自己的品牌上。

事实	叙事
◎ 对或错	◎ 有趣或无趣
◎ 合乎逻辑	◎ 情感丰富
◎ 经过验证	◎ 广泛传播
◎ 保持一板一眼	◎ 容易变异
◎ 精确的真相	◎ 真相的近似值
◎ 客观的	◎ 主观的
◎ 依靠专家验证	◎ 依靠反复讲述
◎ 以反对来对抗对手	◎ 以淹没来对抗对手
◎ 有排他的倾向	◎ 有包容的倾向

扩大人们的胸怀和视野，使人们以包容为武器，完成本不可能完成的目标，正是本书的成因。这也是登普西将军找布拉夫曼合作的初衷。像布拉夫曼这样一个研究和平课题、在加州大学伯克利分校教书又只吃素食的人，登普西将军却从他身上学到了提高陆军运作效力的能力。

波士顿马拉松爆炸事件

总统府的高官们总是来了又走，但同一张书桌却自肯尼迪总统时期开始就一直摆放在总统办公室里。这张书桌是用英国皇家海军的帆船坚毅号（HMS Resolute）的船身木材打造的。1880 年，维多利亚女王把它作为礼物送给了美国第 19 任总统拉瑟福德·B. 海斯（Rutherford B. Hayes）。

1962 年，肯尼迪就是坐在坚毅桌后苦苦思考如何应对古巴导弹危机的，也是在这张桌边，他授权了对古巴的禁运令；在同一张桌边，1987 年，罗纳德·里根与俄罗斯谈判了核裁军协议的条款；2013 年，依然是在这张桌边，时任美国总统奥巴马所面临的问题与肯尼迪和里根所必须克服的问题同样具有挑战性。

在 2013 年 4 月的一个星期二下午，就在几天前，春天以盛开的樱花展示了她的风采。但现在，华盛顿哥伦比亚特区和美国全国的情绪却发生了巨变。

自波士顿马拉松赛遭到恐怖袭击后不到两个小时，总统立即召集他最核心的国家安全顾问们开了个闭门会议。登普西将军等着总统进入总统办公室，他往右边看了看当时的国防部部长查克·哈格尔（Chuck Hagel）。哈格尔正在整理他的领带，当他和登普西目光交接时，他轻轻地摇了摇头，深深地叹了口气。时任国家安全顾问苏珊·赖斯（Susan Rice）在登普西将军的左边，她埋头看着简报，仔细查看她最近收到的情报报告。

每一届总统行政班子都会经历曲折起伏，但在 2013 年 4 月那个会议之前的 9 个月里，一个又一个令人烦恼的国家安全问题接踵而至。登普西知道，眼下人们最感兴趣的，是确定这次发生在美国国土上的新袭击背后的动机。

他当时正在为第二天的国会作证工作做准备，他的副官约翰·诺瓦利斯（John Novalis）上校打断了他，告诉他波士顿马拉松赛遭遇炸弹袭击的消息。诺瓦利斯上校刚刚从一个战斗航空旅指挥官的职位上卸任。登普西将军之所以选择他作为副官，是因为他历经实战考验，坚不可摧，并且是一位出众的领导人物。登普西将军知道诺瓦利斯上校只会因为要事而打断他。

“长官，出事儿了。”诺瓦利斯上校说。从自己副官的神情中，登普西明白了他必须放下手头上的事情。“有一起针对波士顿马拉松赛的袭击。”诺瓦利斯上校继续说道。然后他尽可能简明扼要地解释，在波士顿马拉松赛的终点处有两起爆炸，谁是袭击者还不清楚。参谋长联席会议情报部部长和作战部部长正在商讨，他们会在 15 分钟内带着评估意见来见登普西。

虽然我们大多数人将永远不会承担捍卫国家安全的艰巨责任，但许多人都曾经历过现状被突然打破的情况。登普西将军一生所经历的戎马生涯，让他为应对此类危局做好了准备。

他知道，国防部部长和总统很快会召集他们的国家安全团队，而他必须做好准备。实际上，90 分钟之后，他就出现在了总统办公室里。媒体已经开始猜测这次袭击发生的原因，并怀疑它对于美国国家安全来说是不是一个新的威胁，而这个威胁在之前却被隐藏起来了。所有这些问题的答案都会随着时间的推移变得越来越清晰。而现在，登普西将军要做的，是让总统确信军队已准备就绪并且保持警惕。

总统办公室的门开了，安静的时刻立即被一阵嘈杂声所取代。一位白宫工作人员和联邦调查局局长交谈着，几部电话的铃声响起，实习生们交头接耳。奥巴马总统走进房间，松开领带，卷起衬衫袖子。再过不到两小时，他就要通过电视直播向全国发表讲话。他径直走向坚毅桌，靠在桌角，将他的第一个问题抛给了登普西："马丁，告诉我们你的看法。"

我们大多数人从未在军队服役过，但是会根据看过的好莱坞电影推断军队首长一定是鹰派，总是倾向于采取积极的军事行动。但是，在现实里，过去 10 年以来，登普西将军对军队的优势和局限性了解得也已经足够多了，因此他更愿意冷静地分析眼下的选择。不管怎样，他都必须向总统汇报他们眼下所有的选择。他在其他危机发生时也在总统身边，深知总统在这样的情形下会希望他的汇报是简洁明了的。

“总统先生，”登普西将军开始说道，“军事人员正在为马萨诸塞州的执法人员提供支持，马萨诸塞州国民警卫队也已经调动了几百名士兵。我们和国土安全部正在密切协调。”

“全球快速反应部队仍处于正常的战备状态，我们将加快其战备响应时间，”他继续道，并说明军队的关键部队正处于高度戒备状态，“如果我们收到情报表明这次袭击是大规模协作行动的一部分，或者它会导致针对我们的海外敌对活动增加，我将建议采取几个行动。其中包括指示战略司令部调整卫星覆盖区域，指示网络司令部调动资源支持联邦调查局和国土安全部。然而，虽然目前下结论为时尚早，但依我们的经验来看，这次袭击很大概率上是一起孤立事件。”

不过，登普西将军私下里也想知道这次袭击的肇事者是否与某个恐怖组织有联系。但他转念一想，就觉得对这个答案的需要也没那么紧迫了。他看着不远处的坚毅桌，想到它在这个总统办公室里看到过多少障碍被克服，见证了多少变化，就对此次共渡难关充满了信心。在接下来的几周和几个月里，我们会越来越明显地发现，我们正在经历一些变革性的事情。

与先前在美国境内发生的恐怖行动不同，美国波士顿马拉松爆炸事件中的袭击者察尔纳耶夫兄弟（Tsarnaev）从未在训练营接受过实地培训，也没有通过网络受训过。我们的故事线索以一种有趣的方式融合在一起了。为了全面地了解波士顿发生了什么，以及在加州大学伯克利分校抗议活动中发生的事情，我们为何不试着从麦素包故事的视角来重新观察这个世界？

波士顿马拉松爆炸事件发生两年后，布拉夫曼在哈佛大学商学院召开了一个会议，他邀请了白宫高级官员、企业家、媒体策划人以及政策专家，一起讨论该如何防止像波士顿爆炸事件那样的袭击再度发生。

参会者组成的小组首先试图了解察尔纳耶夫兄弟为什么制造这起事件。他们既不是作为某个正式组织的成员而受命的，也不是发起“9 · 11”事件式袭击的地下网络组织的成员。

实际上，这种地下网络组织的一些传播方式，很怪异地与之前我们说过的“伯克利学生支持动物解放”（BSAL）社团所采取的方法类似。就像 BSAL 一样，地下网络组织也渴望新人加入，因此也转而诉诸技术和叙事来维持生存。就像布拉夫曼创造了麦素包、T 恤衫和贴纸一样，地下网络组织成员同样会在网络上发布内容并希望“好运降临”。

在过去的几年中，越来越多的视频被发布出来。请记住，排名越靠前的视频越具有吸引力、越容易变异，或者说得更具体点，它可以再生。叙事不断地变异，直到察尔纳耶夫兄弟了解了这些内容并且实施了恐怖行动——叙事以一种非常真实的方式，成就了组织。

哈佛大学的讨论小组认识到，我们无法以传统方式遏制叙事。从一个社交媒体网站上删除它们就像在玩打地鼠游戏，因为你刚刚删除一个视频，它就会几乎同时在另一个网站上弹出来。试图揭穿假消息并赢得网络上的辩论，只会使视频本身受到更多关注。

当然，积极的内容也可以以相同的方式传播，比如“明天会更好”运动（It Gets Better）[①]。但是，在“9・11”事件之后，我们不得不意识到一个事实，那就是缺乏领导者且不需要太多基础设施的分散式网络是不容忽视的力量。我们现在需要开始将视频和其他叙事性内容视为实体本身，它们就是自己的存在实体。

让我们回到加州大学伯克利分校的故事。如果抗议者实际上既不是由中心化的指挥与控制组织集合起来的，也不是由分散式网络组织起来的，而是由网络视频带动起来的，并且还因此采取了真实

---

① 指 2010 年由丹・萨维奇（Dan Savage）和特里・米利埃（Terry Miller）为使公众关注性少数群体（LGBT）的青少年自杀率上升情况而发起的活动。——编者注

的行动，那该怎么办？

网络视频使人们更容易产生归属感，更容易感觉自己与某个故事有联系，尤其是当这个故事很容易被记住时更是如此。缺乏资源、实力较弱的一方通常会以叙事的方式去赢得支持。与法庭诉讼或大规模抗议活动不同，创作故事既廉价又有效。

网络和社交媒体意味着几乎任何人都可以发布视频故事。视频故事无须依靠中心化的分散式渠道，就可以轻松地在组织内外传播。观看视频的人越多，公司赚的钱就越多。因此，视频的成功取决于观看或分享次数，成功的视频得到了推广，从而也会赢得更多的关注。为此，视频“尝试”通过增加观看次数来维持自身的生命，而且以与动植物生存相同的方式“尝试”，使其家族谱系保持“活跃”，因此它也会变异和繁殖。

鼓励人们创作衍生内容的流行视频，通过其“后代”继续存在。换句话说，人们上传视频故事都希望做到尽可能地引人入胜，并且尽可能地让故事可变异、可繁殖。回到哈佛大学的那场讨论，当意识到叙事已经成为一种新型的组织之后，这也为政府和企业如何应对市场力量照亮了道路，包容的必要性被揭示出来了。

皮卡车车主的抗议

“我来这儿是因为这儿本来挺安静的！”开普锐斯的女人大声喊道，根本没有意识到她所说的话与举止之间的巨大反差。她一袭黑衣，左手拿着蓝色手机，从眼镜后面轻蔑地看着对方。对着那位将车开进停车场并停在她的普锐斯边上的皮卡车司机，她毫不掩饰地发泄着怒气。这个女人继续说：“这里本来没人的，你倒好！开着你那油老虎、废气喷子到这儿来了。”

开皮卡车的女人被普锐斯女的言行给震惊了，她立即意识到自己的孩子们正目睹着这一切。谁怕谁，她的第一反应就是拿起手机来记录这次“对战”。“嘿，”她用平静的口吻说道，“不要在我女儿面前口出不逊。”但是，她的这种平和心态没有坚持几分钟。

从那刻开始，局势升级了。“你给我闭嘴，”开普锐斯的女人回答，“你既没脑子，又无知。”

这段 2014 年拍摄的视频广为传播，获得了数百万次的观看量。这段视频广为流传其实不足为奇。毕竟它记录了一场火星撞地球般的冲突，一个看起来很精英的女人辱骂一个明显是工人阶层的女司机，其粗俗不堪的样子会让你看得目瞪口呆。

一般来说，普锐斯车主们比较有钱，更有可能接受过大学教育，甚至是一些精英人士。在加州，为一辆普锐斯支付比普通家庭汽车更多的钱，这会让车主自觉身份不同于他人。你不能开着辆破烂的皮卡车去参加风险投资会议，但是当然可以开着一辆普锐斯去。

真正令人惊讶的是视频传播之后的结果。突然之间，它有了自己的生命。随着普锐斯视频的继续传播，来自全国各地的新闻记者向观众介绍了风靡街头和网络的一种新潮流。他们称其为“煤烟喷子”（rolling coal）。

几十年来，柴油卡车司机们一直在尝试对卡车进行改装，以将更多的乌黑废气排放到空气中。在 2014 年夏季之前，网络上就有关于这种做法的视频，当时观看次数少到可以完全忽略不计。而这些视频的内容，大部分是一辆经过改装的卡车轰隆隆地从一个业余摄影师面前驶过，卡车的尾管或辅助排气管则喷出浓浓的黑烟。但是在 2014 年 7 月，美国环保局公告煤烟喷子的行为违反了《清洁空气法案》，该法案禁止制造、销售或安装任何会干扰排放控制装置的机动车辆部件。于是，柴油卡车司机们便在网络上发表声明作为回应。

在美国环保局发出公告后的几天之内，煤烟喷子的视频得到病毒式传播。这些视频的内容基本上是这样的：男司机会开车靠近一位走在人行道上的姑娘，高声问她是否吸烟，然后向那位毫无戒心的姑娘猛地排出一阵黑烟尾气。另一个内容版本则是一个煤烟喷子的支持者把脸贴近一辆停着的柴油卡车的排气管，然后让车里的朋友拼命踩下油门。而所有视频中最受欢迎的一个内容，是普锐斯车主们受到“烟雾攻击”。

每个视频及它们各自微妙的变异，都成了整个反普锐斯叙事的命脉。一群煤烟喷子的支持者甚至进行了一次公路巡游，专门去那些普锐斯爱好者集中的地方。你猜对了，他们还开车去了加州大学伯克利分校。

现在，从普锐斯所属的丰田公司的角度，来思考这一现象。对于普锐斯来说，煤烟喷子叙事的传播在两个层面上都非常不利。首先，每当煤烟喷子获得一个新的粉丝时，也就意味着多了一个永远都不会考虑购买普锐斯的人，无论普锐斯制造得如何可靠、造型如何亮眼、如何环保。想象一下，那些煤烟喷子的忠实拥趸一旦知道他们圈中有人买了辆普锐斯，会怎样地“喷”个没完。尤其是在那些煤烟喷子大行其道的地区，那些本来考虑购买普锐斯的购车者，可能会因为担心被喷而放弃购买。毕竟，谁愿意成为此类恶作剧的目标呢？

那么丰田可以做些什么来应对煤烟喷子的叙事呢？可以肯定的一点是，华而不实的全国性广告根本无法达到目的。我们很快就会看到，**对于希望赢得“叙事之战”，俘获用户之心的公司而言，包容能让你的声音真正被听到！**

打胜仗时刻

RADICAL INCLUSION

◎ 世界正在远离针对事实的辩论，而是转向叙事之间的比拼。

◎ 事实是关于对与错的，但是叙事，也就是讲故事，是不关心谁对谁错的，叙事所关注的是谁更有趣。

◎ 事实必须基于逻辑，而叙事却是基于情感。

◎ 事实需要验证才能发挥作用，而叙事只需要被传播就会获得力量。

◎ 对于希望赢得“叙事之战”，俘获用户之心的公司而言，包容能让你的声音真正被听到！

RADICAL INCLUSION

第二部分

打胜仗的思想具备三大价值

RADICAL INCLUSION

第 3 章

激发参与感、个性化和目标感

测一测你对打胜仗的思想了解多少

1. 领导者总是难以放权，下列哪一个跟控制相关的举措是对组织不利的？

   A. 收集尽可能多的信息，以避免被对手打得措手不及
   B. 保护自己的商业机密，避免落入敌人手中
   C. 要求下属对自己的每一项决定和行动进行事前请示
   D. 控制组织战略和方向，放权执行方法和细节

2. 下列哪一项贴切体现了“包容经济学”的含义？

   A. 让边缘化人群创造和传播个性化内容，用更少的资源收获更好的效果
   B. 真正的包容意味着无条件容纳一切，这样成本也是最低的
   C. 为了创造很好的宣传效果，要不断创造新的社群来服务不同的目标
   D. 为了降低传播成本，应不设置任何参与的门槛

3. 下列哪一项举措没有很好地体现“打胜仗的思想”？

   A. 引入小微意见领袖，以更低的成本更有效地打动各个维度的消费者
   B. 施加控制会带来经济成本，适当放权才是带领团队打胜仗的最优选择
   C. 即使切断敌人通路会给当地人带来不便从而失去人心，也照做不误
   D. 打造海星式组织，让听得见炮火的人指挥炮火

2004 年，玛丽亚·希普卡（Maria Sipka）卖掉了她在澳大利亚的财产，归并了她在房地产上的投资，然后整理出两个行李箱。她想去看看世界。

她的父母是东欧移民，她成长的家庭主张家庭成员之间应无所不谈地进行对话、交流思想，并且积极参与社区活动。在她的家庭中，家庭成员要主动与他人建立联系并尝试进行有意义的互动，他们甚至将此定义为一项重要的工作。差不多在海外旅行快满一年的时候，有一天，希普卡在孟买街头与一位 17 岁的人力车车夫谈起这个话题。

希普卡与人力车车夫熟识起来的经历将使我们了解，为了有效地传达信息，使自己的声音真正地被听到，我们该如何充分利用包容性。尽管希普卡刚刚认识的这个少年只能在他的人力车里过夜，从垃圾堆里捡食物果腹，但她发现自己跟他很谈得来。“这个年轻人的眼神里闪着渴望之火，”她告诉我们，“我的父母曾经是难民，我们经历过同样的饥饿。”这个年轻人的兴趣和野心远远高于他作为人力车车夫的生活，但是他没有接受过教育，也没有经济能力，这使他接触不到多少信息来源。然后，希普卡问了自己一个问题，一个将影响她接下去的人生的问题，这个问题对我们的调查也有很大影响。她在心里问自己：我该怎么样去影响这个人呢？

希普卡希望创造一个机会，让像人力车车夫这样的人有机会与他人共享激情和好奇心。于是，她和别人共同创立了一个覆盖欧洲地区的社交网站，让人们能够因为特定的理由或兴趣而聚集在同一个社群里。“当人们聚集在线上社群时，”她表示，“他们是为自己的兴趣而来的。与人交流越多，你建立的信任就越多，机会也就越多。”

她告诉我们：“**我体会到了网络颠覆性的潜力，它会彻底改变人们在这个星球上的连接方式。**”她继续解释道：“当下有成千上万的人加入不同的社群，每个社群都是围绕一个不同的主题建立起来的。社群里的成员们每周投入 5 ～ 10 个小时来设法吸引自己的受众。”在查看了数据之后，她得到了一个根本性的认识：“加入了社群的人再次访问平台的概率，比没加入社群的人要高出 9 倍。”

这些蓬勃发展的社群使希普卡创立的社交网站能够通过它们变现获利。该网站帮助许多公司向网站中的一些细分社群投放广告，并向这些公司收取费用。这些广告有的是为某个职位空缺招募候选人，有的是推广新产品。2006 年，希普卡的公司在德国上市。到 2017 年，公司股价已经涨至原来的 5 倍，市值超过了 10 亿美元。

这个社交网站正在盈利，在此做广告的商家也获得了新客户。但是，尽管这个社交网站的许多成员在线上社群找到了生活的意义，却无法从中获得经济回报。建筑师、护工、社区的骨干们都没有得到任何收益。尽管他们在现实生活中属于主流群体，而且在网站上也彼此建立了紧密的联系，却还是感到自己被边缘化了。

我们应该注意到，这种被排除在主流之外的情绪，会为某些煽动性视频的散播创造出目标丰富的环境。要明确的一点是，视频分享平台的用户不会因为觉得自己在平台上被剥夺了权利，就去加入某些恐怖组织的。相反，视频分享平台会从更广泛、更无伤大雅的意义上，转化人们被排斥的感觉，甚至让人们找到自己的同类。

就是在这一点上，玛丽亚·希普卡发现了尚未被开发的市场机会，它将帮助我们了解包容性经济学的含义：**如果你能够为被边缘化了的人群，无论是选民、公司职员还是社交媒体的一部分用户提供参与的机会，就可以因此而收获个性化的“内容弹药”，这样的话，大家朝着一个共同目标走下去，你就能充分利用未被开发的资源，用更少的资源收获更有效的成果。**

那么为什么不能用这样的方法来做更多的好事，为社群成员提供收入来源，使企业更好地与其受众交流呢?

“我们开始和所有社群的群主们聊，”希普卡回忆说，“然后他们告诉我们，‘我们不是营销人员。你能帮助我们与赞助商联系吗？我们需要为成员们提供一些经验’。”

“另外，”她继续说道，“所有这些大品牌，如IBM和思科，都来找我们说，‘我们想和你们社群里的成员接触。’”这些公司过去会选择通过投放那些由广告公司精心设计的广告，来吸引社交网站上某些细分市场的用户。它们遵循传统的广告经济学：为了向目标消费者传递正确的信息，公司方要尽最大可能地施加控制。但是，对于潜在客户而言，这种传统的广告方式更像是一种信息轰炸。

意识到这一点后，希普卡决定进行一项实验。她与多芬（Dove）建立了合作关系。多芬刚刚发起了一场广告宣传活动。在这场活动中，它放弃了铅笔型纤细身材的模特，而是选用那些反映大多数女性真实样貌的模特。多芬在开发能引起用户共鸣的内容方面做得很好，而希普卡的点子是让社群成员自己来真正地创造内容。

招募有号召力的人物来推销产品的想法并不新鲜，比如让某位运动员代言一款运动鞋。“假设你手头有奥普拉和金·卡戴珊两位代言人，她们在一个帖子里提到某款产品的广告价格高达10万美元，”希普卡解释说，“你找她们代言，的确会有许多粉丝对你的品牌倾心不已。可我们还是决定专注于小微意见领袖。”

希普卡开始引入之前方案里被排除在外的社群创立者。在这一具体个案里，这些对象是一群全职妈妈。“她们的兴趣点与多芬品牌正好重叠。”她补充道。

在与多芬的合作之中，这些小微意见领袖所开发的内容是谈论美对她们意味着什么，并将她们的观点在自己的社群里进行了分享。每当有人点击她们所制作的广告时，她们就会赚到一点儿钱。几周后，希普卡查看了这些小微意见领袖所制作的广告的点击数据。当她看着那些实实在在的数据时，她回忆道：“我当时的反应是，觉得数据肯定出错了。”因为这些数据好到了令人难以置信的地步。

“当时，一般广告的点击率为 0.01%，”她向我们解释说，“点击后的直接回复率是 1% ～ 2%。当我们把这些由小微意见领袖制作的，提到多芬的内容发给那些社群成员之后，发现直接回复率竟然高达 25%。所以我又刷新了一遍，确认数据没有错。令我震惊的是，我们让群主以讲述故事的方式制作了广告，而且群员们也不单是看了视频，他们还开始围绕视频发表评论，这些对话持续了几天甚至几周时间。这是一场延续了原有信息的分散式对话。”

从某种意义上讲，这是数字回声好的那一面。

引入小微意见领袖这一简单的变化，为企业创造了一个新的机会

来接触消费者，并且企业能以更低的成本更有效地做到这一点。基于这个理念，希普卡和别人共同创立了 Linquia 意见领袖营销公司。

希普卡的产品部门副总裁乔恩·波拉克（Jon Pollack）解释了公司在数字回声的新时代所面临的挑战。“从我计算机科学工程的专业背景来说，使我感到兴奋的是，这是一个非常具有挑战性的大数据问题。如何直达品牌受众中的每一个人？最初是通过为数不多的几个电视频道，然后是几十个电视频道，如今是网站。事实上，每个人都有可能成为小微意见领袖。沿着这个变化轨迹，管道和触点的数量激增。如果有几百万人可以被称为小微意见领袖，我们该挑选谁来匹配某个品牌呢？品牌方都希望确保其代言人对品牌有充分的了解，另外，如果一个品牌与社群成员的需求不符，那么意见领袖就不会是可信的。”

希普卡补充说：“如果你要将一群德国科学家与一群博茨瓦纳（Botswana）农场主联系在一起，所要用的就是去中心化的分散方式，并且得通过小微意见领袖来展开，这就是我们这个星球的全部力量所在。以前，这些都是联合国、联合国儿童基金会、大型媒体做的事。但现在，影响力的关键在于这些小微意见领袖们，因为他们是与其受众保持紧密联系的人。然后公司就可以利用这些故事讲述者，让他们成为故事的创造者，并以一种高度分散的方式传播故事。我们不是通过屈指可数的几个媒体渠道，而是要激活 50 个这样的小微意见领袖，他们所有人都将使用自己已经建立的渠道来创造内容，而这些内容对其受众而言是非常细致入微的。更重要的是，这一切都发生在一周之内，也不用花几百万美元的费用。”

这就为我们引出了本书的三个中心要点。

首先，**不包容并且施加控制是会带来经济成本的，这个成本会越来越让你难以承受，而且你越来越难以证明其合理性。**

其次，在数字回声的时代实现蓬勃发展的方法，是为已有的社群注入一个善因。也就是说，**不要试图围绕一个特定的想法或信念构筑一个新社群，而是可以在已有的社群中寻找能与这个善因产生共鸣的那些社群。**

最后，也是最重要的一点：虽然关于邀请更多人、更多声音加入的重要性和其带来的多样性，我们已经写了很多，但是许多人还是一直在用错误的眼光看待包容性。包容性不一定是排他性的反面。**真正的包容，并不意味着无条件地容纳一切，而是意味着理解和运用参与感、个性化和目标感这三大支柱。**我们将很快再聊到玛丽亚·希普卡，看看她和她的公司 Linquia 是如何将包容性变为一种竞争优势的。现在，我们先与登普西将军一道启程去执行一次秘密任务，这次任务是登普西将军在他担任陆军领导者和训练负责人期间展开的。

参与的意愿

2009 年，著写此书的作者之一、陆军四星上将马丁·登普西秘密探查了一个深处边界沿线，崇山峻岭之中的前哨阵地。他之所以探查此地，是因为几天前那里发生了一次重大交火事件。他意识到他需要亲临现场，才能完全了解一切。而他即将遇到的惊喜，将永远改变他对世界的看法。

从直升机上，登普西可以看到层峦叠障的山脉，辽阔的平原向南展开。在正下方的山岳和山丘上，隐藏在参差错落的岩层、稀疏的植被和寥落的小村庄中，有一些羊肠小道在山腰曲折蜿蜒。在过去的 10 年里，敌方一直通过这些小道运输粮食、武器和弹药。一群士兵决心阻断这里的小道。

当直升机准备着陆时，登普西从前一天到达的先遣队中发现了熟悉的面孔，那是一位陆军上尉。上尉身边有十几位下属。当登普西走出直升机时，先遣队成员才突然注意到他，但并没有向他敬礼。因为他们知道，在周围的某个山头上，有人正在监视着他们。上尉伸出手问候登普西。他的手握得很紧，眼睛流露出坚定的信心和决心。

登普西对于基层的情况了解颇多，但是他来这儿是为了了解他所不知道的。登普西想从上尉这里了解更多关于边界沿线的复杂通路的信息。如果你的敌方是通过铁路运送给养的，那么摧毁几座桥梁、炸毁几公里的铁轨，就可以阻滞敌方一段时间。但在这里，当士兵们好不容易阻断了一条通路时，敌方第二天就能找到另一条新的通路。挡住了一队人马，另一队就会取而代之。

登普西和上尉一起回到他的临时办公室。登普西坐在这位初级军官的对面，说："上尉，我希望你可以开诚布公地与我聊一聊你的想法，你的建议可能不仅会影响你负责的任务，也有可能会影响我们的整个战略。告诉我，这里发生了什么？你在这里的任务目标是什么？你可以顺利获得你所需要的资源和信息吗？最重要的是，有什么事情是让你出乎意料的吗？"

事实证明，这位上尉对自己身处的局势了解得非常透彻。他说："我近来认识到，我需要根据当地民众受我方行动的影响程度，来评估行动的可行性。"也就是说，即使一项行动，例如摧毁部分通路系统，可能会带来巨大的优势，但是如果这项行动对当地民众不利，那么最终任务目标就无法达成。同样的行动结果可以同时被看成是胜利和失败。五角大楼的一位分析人员可能对"切断对手的一条通路"的消息感到高兴，但是如果当地人认为这个做法破坏了他们的正当贸易，那么摧毁这条通路将使当地人站到军队的对立面。

"我们是从哪儿得到这样的人才的？"登普西心里称赞道。接下来，上尉的话更令他感到惊讶。“长官，我可以补充一下吗？”上尉看着登普西说，“我觉得，我们可能没有为士兵们提供最好的训练，没有让他们为应对这种环境做好准备。”

登普西对这份坦诚印象深刻。你要明白，登普西当时负责陆军的所有训练、条令和领导者发展工作。这意味着，在登普西的麾下，每年有超过50万名士兵和文职人员参加一门或多门训练项目。想一想，整整50万人啊。在任何一个3年期限内，每个军官，每个步枪手，每个坦克兵和炮兵，每个卡车司机，每个后勤人员、统计人员和电工，都在登普西的监督下接受训练。登普西的职责就是训练这些人在战场上和在人道主义救济与重建工作中的领导能力。

有必要在此说明一下，其实陆军十分擅长训练。它的作战训练基地提供许多非常逼真的场景，士兵可以在其中模拟战争、练习战斗。在路易斯安那州的一个大约802平方公里的训练场里，陆军会完整地模拟一次军事行动：士兵从飞机上空降，试图控制村庄，然后进行近战；另有一支陆军部队什么也不做，只专心扮演好陆军的敌人去模拟攻击，而且他们也演得很成功；数百名文职人员假扮村民、参战民兵、非政府组织工作人员和当地官员。模拟战场和演习是如此逼真，以至于有时训练中真的会发生死伤事故。

这使我们回到了“战争的迷雾”中。所有这些训练的核心，都与陆军收集和使用信息的出色能力有关。身处战争之中，你总是希望收集到尽可能多的信息，以免被对手打得措手不及；你总是希望有专家能对信息进行分析，并拼凑出更准确的环境样貌。而且，为了保持竞争力，你也想保护信息并防止其落入敌人的手中。为此，施加控制是有意义的。当然，这同样适用于各个行业。例如，一家制药公司会严格保护自己的研发成果和数据，以防竞争对手生产竞争性药物或预测到市场趋势。

控制力在等级制组织中运用得最多，而登普西就是一家大型组织的负责人。不过，他在这里，正面对的是一位 28 岁的上尉就训练不足的问题而提出的质疑。

“我接受的训练非常好，长官。”上尉澄清道，看起来好像突然意识到自己是在和谁讲话，“我们学习了如何与国家作战、与组织作战，”他解释道，“但是，我们没有学习如何与网络组织作战。我刚刚读了一本书，您可能会对它感兴趣。这本书的名字是《海星式组织》。您知道海星和蜘蛛之间的区别吗，长官？”

登普西没读过这本书，但对这位年轻上尉想把话题引入的方向颇有兴趣，他说：“很明显的区别嘛，一个生活在海洋里，一个生活在陆地上。但是，我不认为这是你所指的区别。”

“如果砍掉蜘蛛的头，蜘蛛就会死。但如果砍掉海星的胳膊，它还会长回来。”上尉答道。“好吧。我还真不知道这个，但是我相信你说的。然后呢？”登普西说。“长官，其实海星可以再生，因为它和蜘蛛不同。海星没有一个集中式的头部，它是一种分散式的生物体。我提到的这本书非常有说服力，它讲述了集中式的组织（即蜘蛛）模仿分散式的组织（即海星）时会发生什么。想想《不列颠百科全书》（*Encyclopedia Britannica*）和维基百科的区别吧。您问我们需要什么？我认为，我们要弄明白如何训练陆军，来使它更像海星式组织。”上尉继续解释了那本书的论点，“与海星搏斗得越剧烈，海星就会变得越分散，从而也就变得更具弹性和适应性。”

“谢谢你，上尉。你使我的今日之行变得意义重大。你做得很好。”登普西将军回应道。从他多次在前线打仗的经历中，登普西知道军队里最精锐的特种部队为了对付海星式组织，接受过专门的培训，也有专业的装备。但他同时知道，上尉所指出的信息分享不足的问题也是存在的，而且军队的制度尚未充分适应分散式的战争。

一个星期后，登普西将军看完了《海星式组织》，并给那本书的作者，也即本书作者奥里·布拉夫曼打了个电话。“奥里，我们需要谈谈。”他说。他所要谈的内容，为我们了解加州大学伯克利分校到底发生了什么，提供了一个重大线索，展示了一个正在重塑我们世界的巨大力量。

“我准备推动军队朝着这种转变方向前进，就是我刚刚读到的书里的那种演变，”登普西继续对布拉夫曼说道，他停了一会儿，然后补充说，“我需要你的帮助。”

几个月后，他们会面了。“请坐，奥里。谢谢你来这儿与我见面。”登普西将军热情道。登普西将军不敢肯定他能从这次会面中收获什么，但几乎可以肯定这次会面将十分有趣。

布拉夫曼坐在登普西将军侧面的扶手椅上，而登普西将军正对着门坐着。布拉夫曼回应着登普西将军的客套话。有人告诉过他，这位四星上将的时间非常宝贵。“很高兴认识您，将军。我知道您想讨论我的书，还有分散式组织和网络。但是，我想首先向您介绍一下火人节①。”

“火人节？”登普西问道。“是的，”布拉夫曼说，“火人节。”登普西回答道：“好吧，我只有一个多小时的时间，后面还有另外一个会议等着我，但是我很期待现在能学些新东西。”

“我希望能学到一些有用的东西。”登普西在心里说。

---

① 火人节（Burning Man Festival）是美国的一个反传统狂欢节，该节日始于 1986 年，每年 8 月底到 9 月初在美国内华达州黑石沙漠举行，为期 8 天。在火人节临近结束时，大家会围观木制雕像及庙宇燃烧以寄托哀思。——编者注

登普西的执行官帕特·怀特（Pat White）上校是一位功勋卓著的战场老手，他站在门口听着这次对话。他不在布拉夫曼的视线范围内，但他和将军对视了一下，并把手举到耳朵旁做了个打电话的姿势。这是他询问登普西是否要假装有电话进来从而中断会议的方式。将军笑了笑，摇了摇头。

当时正是午餐时间，所以登普西问布拉夫曼是否要给他弄些吃的。“那太好了，”布拉夫曼说，“只是您应该知道，我是素食主义者。”登普西向后靠着靠垫，端详着这位身兼作家、学者、企业家多重身份的素食主义者。他可以看出布拉夫曼有点紧张，语速很快。于是登普西开了个玩笑来缓解气氛。随着紧张气氛的消散，这次会面切入了正题。90 分钟后，两人相互道别。但是这次会面成了他们在领导力研究方面合作关系的开端，而这个合作关系现在已经持续快 10 年了。这是爱钻研的将军和加州大学伯克利分校怪才的组合。

如果你仔细想想就会发现，陆军与火人节之间有一些非常有趣的共同点，虽然可能并不那么明显。这些共同点所指的不是什么统一的制服，尽管你可以抬杠说这两个组织都穿制服（陆军身着迷彩服，火人节的服装标配是色彩鲜亮的假皮草）；也不是指两者都要应对恶劣的沙漠环境这件事，当然必须承认，内华达州的沙漠相比战场来说可能是更舒适的地方。这里所指的两者的共同点，在于它们都是建立在包容性之上的，虽然并非是以你所想的那种方式。

我们通常认为，包容等同于不排斥、不禁止任何人的做法。因此，一提到包容性，我们基本上就会联想到要让所有人都进门的意思。但是，无论是陆军还是火人节，都不是那么容易进入的。光是对身体条件和受教育程度的要求，就有 75% 的美国人没有资格参加陆军。而另一边，火人节吸引的显然也是非同一般的人群，因为徒步跋涉到内华达州的沙漠这件事，不是每个人都能做到的。

我们正在讨论的包容性不一定与准入权有关；它更多的是关于参与的意思。用火人节官网上的话说："任何人都可以成为火人节的一部分。我们欢迎并尊重陌生人。加入我们的社群不需要任何先决条件。"现在，请再想一下你所在的组织中的人们。他们不必每次会议都参加，但是你是否有让他们能够参与实现组织总体目标的过程中来？

个性化的执行策略

在不得不应对素食汉堡事件的 20 年后，麦当劳最近又得应对其他批评者。2017 年 3 月，麦当劳正在推广其为圣帕特里克节（St. Patrick's Day）提供的特色产品，薄荷三叶草奶昔。麦当劳在 Twitter 上传了一个时长 10 秒的宣传视频，其中一个红发男子戴着格子呢帽子，用奶昔吸管吹风笛。麦当劳这样做不受到严厉批评才怪，谁会用苏格兰的象征符号来推广爱尔兰节日的产品呢？

不过麦当劳这次陷入的麻烦，会不会是因为它试图控制品牌而导致的呢？为了影响公众舆论，像麦当劳这样的公司，一般会采取的策略是围绕品牌建设的固有模式建立的：为了强调某些品牌属性而精心打造要发布的信息。传统上，整个执行流程是自上而下的，决定权掌握在首席执行官和其他高级管理人员的手中。但是任何失误，例如使用错误的文化符号，都将被视为脱离实际、脱离大众。

希普卡在 Linquia 所采取的宣传方式便是彻底颠覆这一流程。以希普卡接手“自在无限”（Freedom Unlimited）信用卡的推广合作为例，该种信用卡提供 1.5% 的返现率。即使广告把这种卡的返现好处说得天花乱坠，它混在那么多提供各种奖励的信用卡之中，也没什么特别的。消费者不一定想知道一家银行所要传递的信息，你又有什么理由会认为消费者想去了解某种信用卡呢？

因此，希普卡没有采取自上而下的执行方式，而是给了意见领袖们每人 50 美元，告诉他们去创造各自的体验。“不要只是去咖啡馆，要有创造力，要玩得开心，去获取你们的体验。体验无处不在，让你自己多一些活力吧。”她告诉这些意见领袖们。

这个指示的确带来了一些故事，这些故事提醒人们在生活中别忘记去增添一些有趣的时刻。“有一个故事是说一对男女朋友，”希普卡回忆说，“他们拿上了一瓶葡萄酒，爬上一座小山，在那儿聊得不亦乐乎。这一切都与他们主动创造的体验有关。”结果，人们受消费带来的新体验吸引，“自在无限”信用卡的申请量激增。因为消费者收到的是个性化的信息，并且这个信息是由与他们同在一个社群的成员为他们量身定制的，所以消费者才愿意买单。

从心理学的角度来看，这种方法对公司而言像是一个艰难的选择。毕竟，在社交媒体上，大公司一般都是批评、中伤，甚至是抵制活动的攻击目标。如果出现在社交媒体上都已经让你担心被人指指点点了，那你为什么还要深入虎穴，把控制权交给陌生人去为你的产品创作故事呢？

希普卡的回应是：“当你操作一个品牌，而且传播媒介主要集中于你的社交频道和邀请人们访问的网站时，必然会有很多人站出来反对你。”因此，当麦当劳求助于 Linquia 时，你可以想象到麦当劳的高管一定会感到恐惧：意见领袖们会说些什么？这些信息会给公司带来多大的麻烦？

但是，令人惊喜的事情发生了。在麦当劳邀请小微意见领袖来分散推广三叶草奶昔之后，只有 1% 的小微意见领袖所产生的信息带来了负面评论。我们应该如何解释这一结果？一家公司很容易成为人人都会去表达厌恶的目标。但是，谁会想去批评一个有血有肉的人讲的一个私人故事呢？

乔恩·波拉克的回应是："让我真正感到兴奋的是内容的民主化。社交平台提供了很多联络的方式。现在是媒体的新时代，它具有多点联系的特点，不再是一家频道独当一面了。我从没想到人们的自然社会关系、受众群体和整个社群都能用来传播品牌。通过这种方式，任何有房子的人都能成为爱彼迎（Airbnb）的房东，任何有汽车的人都能成为优步（Uber）的司机，任何群主都能成为某个品牌的广告渠道。"

Linquia 的小微意见领袖群体是全职妈妈、退休人员和学生，而非常见的在广告公司工作的人。但是这些小微意见领袖确实有时间开发内容，而且很高兴参与到互动对话当中。他们作为自己努力深入的社群中的一分子，会比广告公司从业人员更有可能创作出情感真挚的内容。

无论你是与客户交流还是在管理员工，都可以依靠包容性来使信息更个性化，并且更有效地被传递出去。

组织中所采取的包容性策略，包括集中组织成员来"做什么"，即提出指令、目标，以及分散告知成员"如何做"，即提供方式。在与驻扎在前哨阵地的年轻上尉会面，并在办公室与伯克利怪才谈话之后，登普西在陆军的训练和教育工作中引入了一个概念，称之为"指令任务"：告诉你的下属你想要实现的目标，并且放松控制力，允许下属制定策略来实现你所期望的结果。

为已有的社群赋予目标感

传统的人群动员工作都遵从这样一个假设：一旦确定了一个值得追求的目标，无论它是什么，都必须围绕它建立一个社群。这种方法的问题在于，它非常非常耗时，而且每个新的目标都需要从头开始建立支持它的社群。但是，如果我们颠覆这一观念，转而为已有的社群赋予新目标，情况会如何呢？这时，这个目标就是要解决“做什么”的问题，而本来就生机勃勃、充满活力的社群，其中的群员们则团结起来，共同决定“如何做”。

“作为企业，”希普卡解释说，“你需要有意识形态，需要启发你的受众，给他们信息。你必须对生成信息的方式放松控制力，而且一定要信任那些选择参与的社群领袖，因为他们就是将去讲故事的人。”

你的组织之中存在已有的社群吗？你如何通过赋予他们与组织目的一致的目标感来善用他们的力量？在这些社群中，哪些人是你可以发掘出来的小微意见领袖？

“受众比你能想到的要更多样化。”希普卡解释道，“也许他们都喜欢自然摄影，但是他们的人群分布却有可能非常分散，以至于传统的目标定位方法会完全没有效果。”

在同一个社群中，跟随某一个领导者的群体之间也可能会有很大的差异，因此，很难找到能够有效覆盖整个群体的传统传播渠道。希普卡认为：“社群领袖的定义正在扩大。任何人都可以成为有影响力的人。如果你对某件事充满热情，而其他人也对此满怀热情，但是你又能保持定期更新发帖的习惯，那么你就有了成为社群领袖所需要的全部条件。”

打 胜 仗 时 刻

RADICAL INCLUSION

◎ 如果你能够为被边缘化了的人群提供参与的机会，就可以因此而收获个性化的“内容弹药”，这样的话，大家朝着一个共同目标走下去，你就能充分利用未被开发的资源，用更少的资源收获更有效的成果。

◎ 在信息的传播中引入小微意见领袖，会让传播的管道和触点数量激增，他们会创造出更加情感真挚、更加个性化的内容，而这些内容有可能会触达你的每一位潜在用户。

◎ 不包容并且施加控制是会带来经济成本的，这个成本会越来越让你难以承受，而且你越来越难以证明其合理性。

◎ 真正的包容，并不意味着无条件地容纳一切，而是意味着理解和运用参与感、个性化和目标感这三大支柱。

RADICAL INCLUSION

第 4 章

缔造组织的惊讶神经元

测一测你对打胜仗的思想了解多少

1. 下列关于“惊讶神经元”的说法，哪一项是错误的？

A. 当异常情况发生时，“惊讶神经元”会先于大脑其他部位发出警报

B. 组织中的惊讶神经元一般指频繁接触到特定信息的基层员工

C. 组织的“惊讶神经元”能比管理者更敏锐地发现微小但重要的异常情况

D. 组织的“惊讶神经元”只能提供有限的信息，不必重视

2. 下列哪种企业行为没有充分利用“惊讶神经元”的效用？

A. 对小员工的洞察和建议也认真倾听

B. 实施扁平化管理，充分放权

C. 依据下属传达的信息及时改变公司方针

D. 组织领导者还是应该相信自己，由自己来筛查多方信息

3. 下列关于组织层级的说法，哪一项是错误的？

A. 人们天然对于组织中的身份层级保持敏感

B. 领导者如果不主动去打破层级，很可能被优越感所蒙蔽并脱离实际

C. 当惊讶神经元发出警报时，组织机制应做出敏捷的回应

D. 组织层级有其存在的必要性，不应轻易打破

人脑中的惊讶神经元

“这真是令人难以置信，”神经科学博士生科林·霍伊（Colin Hoy）谈到大脑时说，“就是这样一个两千克左右的液态物质在控制着我们的一切。”事实证明，大脑提供了一个极好的模型，可以让我们对组织行为和包容性领导力有更深入的理解。

与一个领导者想准确了解组织内部正在发生什么一样，科学家也对人类大脑内部真正发生的事情感到好奇，并且这份好奇，从我们知道大脑就如同人体的首席执行官的那天开始就有了。但是怎样才能获知大脑中发生的事情，并去了解其运作方式呢？要回答这个问题，神经学者面临着两个主要的挑战，一个与时间有关，另外一个与空间有关。

20 世纪 20 年代，神经心理学家使用脑电图（EEG）获得有关大脑的信息。获取脑电图的方式是将电极连接到头皮上以获取脑波，这样做能够准确地检测出大脑中的电流是何时放电的。这是非常有用的信息。可是，这个方法有点像把杯子按在墙壁上偷听隔壁邻居家的聚会一样，你会很清楚地听到谁在说话，但是却不清楚这个人具体正处于什么地方。

而功能磁共振成像（以下简称 fMRI）的方法则是另一种原理。它利用磁性来测量大脑各个部位的血流。fMRI 提供血流的三维图像，显示大脑哪些区域在响应刺激时被激活了。但是，与脑电图一样，这里有一个陷阱。因为血液的流动速度比神经元的激活速度慢得多，因此 fMRI 无法显示大脑的实时运行情况，它只能告诉我们大脑的某些区域可能对应某一个具体功能。

在大脑内部放置电极，对研究人员来说一直是可望而不可即的梦想。如果真的可以做到这一点，他们就能既知道大脑信号从何处发出，又精确了解信号何时发出。如果要进行这样的测量，神经科学家必须找到愿意将电极植入大脑的对象。但是，即使他们能够招募到志愿者，植入电极所需的侵入性手术，也可能让志愿者承担产生永久性脑损伤的重大风险。道德委员会永远不允许这样的事故发生。幸运的是，有个聪明的解决方案恰好给研究人员提供了期望已久的机会。

在神经外科医师的陪同下，霍伊进入了一个看上去十分典型的医院病房，里面有一张床、一对椅子，还有几位探访病人的家属。医院工作人员时不时会进入房间，监测患者的生命体征和身体状况是否有变化。但是，这位患者的头上戴着通常在医院里不会看到的东西，一个乍看上去像是缠头巾的东西。靠近仔细看的话，可以清楚地看到有电线从这东西上伸出来，而这些电线连接到了附近的一台机器上。霍伊手持一堆法律文书，向患者询问她是否仍然愿意参加这项研究。征得这位患者的同意后，霍伊开始了他的工作。

这位年轻女子患有癫痫，她的癫痫发作得非常频繁，令人十分不安，因此医生们认为值得冒手术风险去搞清楚她癫痫发作的根源，进而可以知道如何制止癫痫发作。现在，这位患者正在从昨天刚做完的电极植入大脑的手术中恢复过来。这次手术不是为了霍伊的实验研究目的而进行的，而是为了治疗患者的癫痫。这样的病例使霍伊能接触到已经在大脑中植入电极的人。

在整体权衡了对患者的风险和对科学的益处后，道德委员会允许神经心理学家接触这位癫痫患者，但前提是他们要遵守某些规则和限制。神经心理学家首先要求患者完成拼图，或者完成其他类似游戏的任务。这可以使他们精确地了解到，当人在做出某种类型的决策时，大脑的哪些部分被激活了。

接下去他们注意到，当患者出现错误时，会立即出现电流信号。霍伊解释说：“我们在这里所讨论的，是在错误发生后 1/10 秒之内的事。”这就意味着，在我们还没有时间清楚意识到自己犯了一个错误之前，别说去考虑后果了，大脑其实就已经处于高度戒备的状态了。神经科学家很快意识到，患者犯错时出现的大脑信号，与错误本身并无关联，而是与“惊讶”的反应相关。也就是说，只要现实情况没有契合患者的期望，大脑就会发出这个信号。

你是否曾经有过一些略感尴尬的体验，比如你有没有遇到过把脚往前伸、准备走下台阶，但实际上前面根本没有台阶的情况？于是你重新调整平衡，脚笨拙地落在平坦的地面上，然后你才意识到确实不存在那个你以为有的台阶。还比如说，你伸手去拿一杯葡萄酒的时候眼睛望着别处，这时因为有人已经移开了那杯酒，导致你去拿酒的手一无所获。这两种情况下，错误信号都会在你的大脑中被触发。

进一步研究下去，**神经科学家发现这些错误信号是由大脑的特定部位产生的，这些部位是专门发现异常情况的。我们将这些区域称为“惊讶神经元”。**对于你身边发生的种种事情，大脑不会去一一筛查所有的相关数据，不会去思考每一条信息及其含义。大脑只管做它自己的事情，在发生意外情况时依靠惊讶神经元发出警报。这是一种非常有效的方法。

大脑对惊讶的反应非常敏锐。当发生某件使你措手不及的事情时，你会马上进行纠正并立即改变你的核心假设，以更好地适应环境。

其实，对大脑有效的方法，对组织也同样有效。组织只需要识别和运用自己的“惊讶神经元”就行。那么什么是组织的惊讶神经元呢？我们该如何使用它呢？

垃圾工的洞见

费城的阿尔伯特·爱因斯坦医学中心是很有代表性的大型机构。里面的患者数量庞大，预算有限，部门繁多，而且各部门之间无法始终保持顺畅沟通。

多年来，这家医院就像美国其他医院一样，都受到一种细菌的困扰，这种细菌造成的死亡人数比艾滋病毒所造成的还要多。抗生素耐药性葡萄球菌（以下简称 MRSA）感染的数量一直在增长。你可能猜不到，最容易受到 MRSA 感染的地方居然是医院。但是，与其他致命性细菌不同，MRSA 的传播方式是完全可以预防的。自 19 世纪后期，我们就知道如何避免 MRSA 感染：医护人员只需在接触每个患者之前洗手，并始终戴着防护手套、身着隔离衣即可。

但是，即使是最好的医生，也未必能完全做到以上的防护要求。这并不是因为他们没有意识到安全的重要性，而是一些细小因素阻碍了他们。

阿尔伯特·爱因斯坦医学中心看到因本可预防的 MRSA 感染导致的患者死亡率呈上升趋势，决定采取行动。医院的感染控制中心负责人不仅印刷了有关卫生习惯重要性的小册子，还召集了一批能全面代表医院各个级别和岗位的工作人员开会。这些工作人员里有外科医生，也有管理员。

会议期间，一个名叫贾斯珀（Jasper）的人举起了手。贾斯珀是个高中辍学的退伍老兵，他的工作是运送患者和清空垃圾。他要跟大家分享的是他的细微观察，而这将是他们真正的救星。“我注意到一个情况，”贾斯珀开始说道，“在有很多 MRSA 感染患者的那个病区，垃圾桶几乎总是空的，里面没有任何废弃的手套。”

为了解决这个困惑，大家一起去了那个病区，并询问那儿的护士为什么不戴手套。原来那个病区的护士碰巧手都很小。由于医院里每种尺码的手套的存货数量是一样的，所以那个病区的特小号手套总是会最先用完。尺码太大的手套用起来又很麻烦，会使护士连完成一个简单的任务都变得很困难，所以她们常常索性就不戴手套了。

“如果我们常备更多的特小号手套，你们会戴手套吗？”感染控制中心的负责人问。“那当然！”护士们答道。接着，贾斯珀拿出记号笔，写下自己的电话号码留给她们。这样一来，以后每次这个病区的特小号手套快用完时，护士们都可以马上打电话，而贾斯珀在几分钟之内就可以补充好特小号手套。正是因为这种渐进式的改变，这家医院在一年内将 MRSA 感染患者的死亡率降低了 70%。

其实，这个例子并不是说整个医院都应该备有更多的特小号手套，也不是说应该晋升这位垃圾管理员为感染控制中心的主管。我们来用神经元做比喻的话，垃圾管理员在这种情况下恰好是关键的“惊讶神经元”。这个人查看垃圾袋的频率非常高，这使他能够注意到异常情况。一位外科医生可能经过垃圾桶几十次，也不会发现任何异常。将这样的“惊讶神经元”纳入对话中，会使“大脑”，即例子中的医院管理层，能够接收到他的信息。

我们可以使用组织内的这些“神经元”来避免掉入错误情报的陷阱。我们需要在身边有尽可能多的像贾斯珀这样的人，这些人比我们更善于看到事物的不同之处，并且为之感到惊讶，组织应该把感受惊讶的任务托付给他们。

让我们回想一下，为了避免出现令人惊讶的状况，组织所采取的那些无所不用其极的流程和程序吧。投入了大量的金钱，只是要确保管理人员获得哪怕是最细小的信息。但是，这些管理人员每天不得不对大量信息进行筛选，可能根本无法注意到那些微小但至关重要的异常情况。

几乎没有一家公司拥有类似于人脑那样的拖网结构，来应对组织各个层面和各个角落会出现的异常情况。但是，如果你是一家大型机构的首席执行官，并且能够在发生任何异常情况时马上有所了解，那会怎么样？注意，不是要你自己去筛选所有事实，而是由围绕在你身边的合适人选去对事实进行筛查，而且你能确保他们所发现的异常情况会传达给你。

这样一来，你将可以有意识地去应对每一个传达给你的惊讶反应，并有机会及时改变公司的行动方针，以更好地适应商业环境。想一想，这样的你比竞争对手的首席执行官要更高效，因为后者可能手头掌握了所有事实，但很少能了解其组织内部发生的异常情况。那么，组织是否有可能创建一个类似于大脑应对惊讶反应的流程呢？

A 和 2，王牌游戏

遗憾的是，仅仅让我们周边围绕着尽可能多的组织“惊讶神经元”是不够的。我们既需要建立鼓励“惊讶神经元”发出警报的机制，也需要创造在惊讶神经元发出警报时，能使组织内部协调运作的机制。

布拉夫曼经常在他的研讨会上做这样一个游戏：他让每个参与者从洗乱的纸牌里随机挑一张，但不允许他们看自己抽到的是哪张牌。

等每个人手里都有一张牌了，布拉夫曼数到三，这时每个人都将各自的牌举到额头上。这样一来，每个人都能看到除了自己的牌以外的，其他所有人的牌。

接下来，布拉夫曼告诉参与者，让他们假装自己在参加公司户外野餐聚会。拿到 A 的人代表首席执行官，K 代表副总裁等，一直到 2，它代表级别最低的职员。这个任务是让每个人都与其他所有人互动，向其他人提供自己在这家虚构公司中的职务的线索。这个游戏做了这么多次以来，布拉夫曼经常发现人们在游戏中给别人的线索太明显了，比如，有人会向级别低的职员发问："你是住在汽车旅馆吗？"然后又是用手肘推边上的人，又是用眼神暗示的。所以，现在布拉夫曼会提醒参与者不要把线索给得太明显。他还看到过麾下管理数千人的那种高层领导，竟然故意在镜子前走过，就是为了方便偷看自己额头上的牌。因此，布拉夫曼在游戏中又不得不把镜子都遮盖起来。显然，人们都想知道自己在一个组织中所处的位置。

当参与者在游戏中四处转悠的时候，布拉夫曼提醒他们要接触更多的人。几分钟后，布拉夫曼要求参与者按牌面大小顺序排队，不要说话，也不要看自己的牌。结果，这个游戏任务从未有过失败，每次游戏的每一个参与者，都非常清楚包括自己在内的所有人的牌是什么。

3 排在 2 前面，J 排在 10 前面、Q 后面。你可能会以为，只有习惯于严格的军衔制度的军人们，才会很出色地完成这个任务。但公司的首席执行官们也一样完成得很好。非营利组织的管理人员、社会工作者和加州大学伯克利分校的学生们也是如此。

然而，当布拉夫曼揭晓答案时，参与者会对自己可以那么快就知道自己的等级位置感到很惊讶。这个游戏的惊人结果说明，无论我们的年龄、职业或所处行业是什么样的，都对地位、等级十分敏感。

“你得到的第一个让你觉得自己的牌是 2 的暗示是什么？”最近的一次游戏中，布拉夫曼问一位经理。这位经理回答道：“首先，作为一个新人，没有人会关注我，也没人来和我说话。那些跟我打招呼说‘嗨’的人，接下去的一句话都是‘继续好好干’。”

而每次做这个游戏时，拿到 A 的人也都会立刻知道自己的地位。因为人们称呼拿到 A 的人为“先生”或“女士”。拿到 A 的人在说话时，其他人不会打断他们；而且即使拿到 A 的人说的笑话再无聊，其他人都会哈哈大笑。

当布拉夫曼在他的本科教学商业课上进行这个游戏时，果不其然，学生们对于他们各自处于这个随机形成的假想社会阶梯的哪一级，也都了解得非常清楚。在这个特定的场合里，班上最受欢迎的两个聪明积极、开朗友好的女生，她们都抽到了 2。当她俩站在一个角落里聊天时，抽到 A 的以及抽到 K 和 Q 的则在另一个角落里谈笑风生。

“A 来过你们这儿吗？”布拉夫曼问这两个抽到 2 的女生。“当然没来过。”这两位答道。“那你们去找过 A 吗？”布拉夫曼又问。“没有。”其中的一位回答。“但你看起来不是个害羞的人啊，我看见你主动来找另外这位抽到 2 的女生。你们在聊些什么啊？”布拉夫曼说。她脱口而出地回答道：“我们在说这个派对实在太烂啦！”

现在，你应该很容易理解为什么那些抽到 2 的人会不开心了。谁会喜欢排在长队的最后一个呢？同样你也应该能理解，为什么他们不会主动表达对抽到 A 的人的不满。但是，真正令人震惊的还在后面。布拉夫曼问抽到 A 的人在和那些抽到 K、Q、J 的人聊些什么，他回答布拉夫曼：“我们正在聊这个派对，觉得它太好玩啦！”抽到 A 的人，完全不知道抽到 2 的人有多不开心。

从抽到 2 的那些人的角度来看，每个到手的线索都像是在暗示他们要保持安静。他们一开始肯定不想疏远抽到 A 的人，但在层级分明的情形之下，两者之间的交流无非也就是抽到 A 的人降贵纡尊，向抽到 2 的人打个招呼而已，后者可不会稀罕。

如果你是 A，比你等级低的人不会告诉你这个派对有问题。你总会遇到看起来最善良友好的人，但这只不过是因为你的额头上是一张A罢了。其他人给你的赞赏，很大程度上都是对你撒的谎。

你可能经常见到这样的领导者，他们认为自己极受下属爱戴，但当你跟他们的直接下属交谈后，却会得知这些领导者的很多工作提议完全是一团糟。并不是说这些领导者脱离实际，只是他们被当王牌A的优越感给蒙蔽了。

在接下来的章节中，我们将关注具体的工具、领导力原则和本能，它们将实际促进包容性领导力的发展。这不是什么哲学课题，而是一个持续的实践活动，能让我们那些与极易被忽略的信息和知识保持同步。

打胜仗时刻

RADICAL INCLUSION

◎ 在我们自己都没有意识到犯了错误之前，大脑中的“惊讶神经元”就会释放“错误信号”，帮助我们发现异常情况。

◎ 我们可以使用组织内的这些“神经元”来避免掉入错误情报的陷阱。

◎ 每天不得不处理大量信息的管理人员，恰恰无法很敏锐地注意到组织中那些微小但至关重要的异常情况，而那些最频繁接触到特定信息的基层员工，才是组织最好的“惊讶神经元”。

◎ 人们天然对组织中的身份层级保持敏感，如果你不想因为自己的身份而受到蒙蔽，就要主动打破组织层级，接触到更真实的信息。

RADICAL INCLUSION

第 5 章

创造身份感、安全感和秩序感

测一测你对打胜仗的思想了解多少

1. 为什么归属感对于人们来说非常重要？

A. 归属感塑造我们的身份认知
B. 归属感给予我们安全感
C. 归属感让我们敢于打破规则和秩序
D. 归属感创造我们生存需要的秩序

2. 下列哪一项被称为归属感的“最高标准”？

A. 愿意放弃个人利益，以提高集体利益
B. 在组织中感受被包容和接纳的感觉
C. 与组织的其他成员一起，不会感到孤独
D. 感受到在组织中的身份感

3. 下列哪一项没有恰当表达归属感缺失给人带来的伤害？

A. 一个人的健康和寿命与社交规模、朋友数量息息相关
B. 唯一与孤独效力等同的健康危害元素是香烟
C. 社会性排斥比缺乏运动和暴饮暴食对我们更有害
D. 归属感会提升人的幸福感，但对人来说不是必需的

追溯归属感的历史根源

自 20 世纪 40 年代以来，归属感已经被认为是人类的一种心理需要，而且它也是人类动机的主要来源之一。归属感对我们来说非常重要，无论我们是否意识到其重要性，它都会使我们保持健康与快乐。

归属感的发展满足了人类进化的需求：与他人形成相互依赖关系的人们享受到了成为群体中的一员的安全感，并且不太可能独自行走于危险之中。人类学家认为，人类形成与理解更复杂的声音的能力，即语言的雏形，也是我们作为社会性物种的身份基础，它使我们得以生存，并最终战胜了尼安德特人、丹尼索瓦人和弗洛雷斯人[①]。作为一种社会性存在，我们彼此保护，共享资源，相互协作，从而取得比其他物种更多的优势。

尽管我们对于归属感的需求，深深植根于与现在非常不同的世界

① 这三种古人类，都是人类进化史中间阶段灭绝了的代表性物种。——编者注

中的基本生存需要，但它并未随着时间的流逝而消失。在今天和一千多年前，**归属感都是由身份感、安全感和秩序感结合而成的。**它将我们与我们之外的人区分开来，使我们在面对困境时不会感到孤独无力，并且在所属群体中建立起规则和秩序。

“归属感”可能是一个非常模糊的术语。我们都知道归属于某个群体意味着什么，但是很难区分归属感的层次高低。被包容，这实际上意味着什么呢？你可能是一家航空公司常旅客计划的会员，因此从某种意义上来说，你归属于它。但是，这种层次的归属感，远不如作为一个教会的教友或者一个工作团队的成员的归属感那么显著。从理论上来讲，我们可以询问一个人对所在组织或所进行事业的归属感如何，但这样做最多也只能了解个大概，结论并不明确。因此，就我们在此讨论的目的而言，可以为“归属感”的含义设定一个高标准。**归属感的最高标准，是愿意放弃个人利益，以提高集体利益。**

例如，一位母亲宁愿自己挨饿，也要她的孩子有饭可吃；一位士兵，甘愿为了同袍和国家而让自己面临失去生命的危险。从心理学上讲，这样做不仅是出于利他主义，而且是因为我们相信，通过推进集体的事业，可以实现个人的人生意义。作为人类，归属于一个家庭单位，可以确保生存。我们的家庭成员愿意在我们需要帮助时为我们牺牲，而这为我们提供了安全保障。

人们感到彼此关联的理由有很多，这些理由有以下几点。

1. 感到自己代表集体所做的努力是有意义的。
2. 能够想象到自己的贡献将产生怎样有意义的影响。
3. 收到对于自己所产生影响的快速反馈。
4. 拥有与归属感相关的愉快记忆。
5. 感觉自己是被邀请加入集体的，而不是被命令加入的。
6. 参与事情的整个过程，从而成为整个集体叙事的一部分。

工业社会的发展引起了人们的担忧，我们害怕自己正在失去对社群的感受能力。世界上的各个城市都在进行毫无特色的扩张，剥夺了我们的基本感受能力，我们不再那么容易感受到自己身处于一个比自己大一点的组织中了。20 世纪 80 年代，研究人员开始对人类的归属感进行研究，研究结果明确地表明，**归属感实际上是一种需要，没有它，人们就会在身体上和精神上遭受痛苦。**

网络暴力从何而来

为了理解我们是如何体会归属感与被排斥感的，一些研究人员专门研究了前角质层，它是大脑的一部分，当我们感到身体疼痛时它会变得活跃起来。

其中有一项研究，其目的是证实当一个人遭到拒绝时，大脑的前角质层是否会变得活跃。这项研究是这样设计的：在参与者与其他两名玩家进行虚拟掷球游戏时，捕获 fMRI 图像；参与者会被告知，其他玩家也是研究的参与者，而且他们也同样身处于 fMRI 机器中；但实际上，其他“玩家”只是计算机程序。

游戏开始时，参与者被告知由于技术上的困难，他无法与其他玩家的机器建立连接，因此参与者在加入游戏前只能旁观另外两名玩家的游戏。于是研究人员观察到，当测试对象被如此武断地排除在游戏之外时，大脑的前角质层确实变得活跃了。研究结果表明，被排斥感对大脑产生的影响与身体疼痛所产生的影响相似。

社会性排斥也会阻碍我们的思维认知进程。在一项研究中，参与者在经历了被拒绝之后，在智商测试和其他认知任务上的得分明显较低。有的参与者只是被告知他们很有可能一辈子孤身一人，或者在离世时会被社会所排斥，都会影响其明智地进行认知和采取行动的能力。

那么，当人真的过着孤独的生活时，会发生什么呢?

有 148 项研究，全球共有 30.8 万多名年龄在 6 岁至 92 岁的参与者参加。在对如此大规模的研究进行汇总分析之后，杨百翰大学（Brigham Young University）的心理学家朱莉安娜·霍尔特－伦斯塔德（Julianne Holt-Lunstad）得出了一个令人惊讶的发现：一个人的社交网络规模、朋友的数量、是否独居以及是否参加社交活动，都是此人寿命的预示性指标。那些有较大社交网络规模且有较好人际关系的人，随着时间的流逝，他们的存活率有非常明显的提高。另外，分析结果还表明，社会性排斥比肥胖、缺乏运动和暴饮暴食都更加对我们有害。

唯一与孤独效力等同的健康危害元素是什么呢？答案是香烟。社交关系薄弱，不仅是自然寿命变短的预示性指标，而且还是自杀行为的重要预示性指标。1994 年的一项关于社会融入课题的研究结果表明，家庭状况方面的数据，即结婚率、离婚率、出生率，它们和凶杀率之间具有近乎百分之百的关联性。

缺乏与外部的联系，与自我毁灭或暴力行为之间有什么联系呢？当我们遭受社会性排斥时，会认为自己的生活没有什么意义。被家人、密友和伴侣排斥，则会产生最大的影响。正如社会性排斥会令我们觉得生活没意义一样，强烈的归属感则会令我们感到生活是很有意义的。这种关联性对所有年龄段的人群都适用。

但是，与年龄较大的成年人相比，18 岁至 24 岁之间的人在归属感方面的感受，与其他年龄段的成年人截然不同。2007 年，在英国进行的一项综合研究发现，18 岁至 24 岁之间的成年人感到自己不属于任何一个群体，并且他们认为自己的归属感并不总是植根于相同的人群、地方和信仰。这与年龄较大的成年人的情况形成了鲜明对比，后者认为他们始终感觉到自己属于某个群体，而且这份归属感不太可能改变。而 18 岁至 24 岁之间的人群，更容易感到自己的归属感来自各种各样的不同群体，并且会不断变化。在工作方面，他们发现自己比 24 岁以上的员工更容易提出离职，其离职概率几乎比后者的高出一倍。

难道是由于年龄或生活阶段的相关因素，年轻人才会对归属感有这样的感受吗？还是说归属感的内涵发生了变化，从而改变了这个群体的社会归属感体验？

我们认为，尽管人们随着年龄的增长，会有越来越强烈的归属感，但是随着当今社会结构的变化，归属感本身已经变得比以前复杂，尤其是对于年轻人来说，他们的体验是被数字世界支配着的。

社交媒体创造新的语境

过去，归属感是严格依照传统的社会身份来定义的，比如根据家庭、朋友、生活方式、国籍、职业以及爱好等。回想一下数字回声时代之前的情形，当时人们的社交网络局限于周边的地理区域之内，最多也只是多交了几个笔友的程度。如今，互联网让人类历史上第一次得以创建在地理上分散的归属类别。

人们可以找到成员遍布全球的社群。这些新型社交网络的复杂性和规模，使得现在被贴上“全球化”标签的事物成为影响人们归属感的独特力量。

社交网络的世界，对于人们的生活来说是无处不在的。它们不仅存在于人们的工作、个人生活、爱好和社群中，而且已经成为人们参与工作圈、朋友圈和地理性社群的媒介。

社交网络通过简化人们与朋友、同事以及陌生人之间的信息交流方式，打破了沟通障碍，从而允许多样性文化在人们周围生产和传播信息。不仅是那些出身于某种文化的成员能够成为该文化的一员，对它感兴趣的外来文化者也可以了解并加入其中，并且为之欢庆。

社交媒体现在已成为一种社会身份的标记，它正在赋予我们前所未有的力量。尽管大众媒体一直具有塑造公众意见的力量，但是互联网已将这种力量交到了每个用户的手中。一个人只需参与一个社交媒体网络，就会有发起一个活动的能力，并且还可以成为一个领导者，获得追随者。

YouTube 现在是世界上最大的大众传播媒体，它使每个人都可以创建内容并将它传播到世界各地。类似的社交网站使人们能够学习、参与、关注和领导那些以前根本无法建立联系的社群。

人们过去在与世界各地的个人和团体交往时，可能都曾遇到过障碍，现在这些障碍都不存在了。无论何时何地，人们都可以自己组建或主动寻找团体，以便融入其中。

Facebook 和 Twitter，它们证明了社交网站对于帮助人们获得归属感能起到很大的作用。它们强调，人们想要在此获得归属感，就需要参与实时进行的数字化自我表达。Facebook 希望用户通过加入兴趣群组或设置个人信息源来“与朋友和周围的世界互联”；Twitter 则让用户“和关心的人与机构一起了解当下发生的事”。

正能量的信息传递是主流。研究表明，互联网环境非常有利于发展友谊、爱情，推广志愿者服务、捐助筹款和每一种个人会去寻觅的互助社群。实际上，互联网对于某些类型的互助社群特别友善。这些社群的成员通常会受到社会鄙视，因此他们不愿意跟自己“本地”的网络以私下或公开的方式去交流。

在遭受污名的社群通过互联网寻找到支持和力量的许多例子中，有一个众所周知的案例：丹・萨维奇和特里・米利埃于 2010 年发起的“明天会更好”项目。这一项目是为了使公众关注 LGBT 青少年自杀率上升的情况而发起的。由萨维奇和米利埃制作的视频广为传播，“繁殖”出了与之呼应的 5 万多个视频，来自世界各地不同种族和不同信仰的人们都加入了这场运动之中。

但是，长期以来人们争论不休的一点是，一方面尽管互联网和随身携带的上网移动设备提供了可以永不断联的社交网络，让人们能与世界各地的群体进行交流，但具有讽刺意味的是，另一方面，互联网也有利于小范围的信息流动、有时效性的社交和自我推销。

Facebook 上个人信息源中“你感觉如何？”的提示、一键分享情绪的表情符号以及有关生活事件帖子的添加建议，都会引起人们对自我的过度关注。在社交网站上可以使用各种各样的工具来发布个人信息，这仿佛在提醒人们，如果不对外向自己的社交网络展示这些信息，岂不是巨大的浪费？

但是，当你发布自己的个人消息时，会真的被听到吗？真的会存在实际的社交联系吗？你真的属于某个社群吗？即使你确实在一个线上社群中感到有归属感，你是否会以这个社群存在于现实世界中的前提去行动呢？答案当然是："不"。研究表明，人们作为现实生活中的个人来行动的方式，与网络上完全不同。与现实生活相比，人们在网络上进行社交互动时非常迅速，并且容易变得很放纵。研究人员对此感到非常惊讶。与传统的群体行为相比，人们在数字世界中极易发生招人反感的社交行为。

人们为什么会在群体环境中做出令人反感的社交行为？这让人感到困惑。这些行为对于个人在团体中的归属感构成了威胁，毕竟谁想和霸凌者搅和在一起呢？但是，人们做出令人反感的社交行为，有时候是为了强化归属感，甚至是为了影响和控制他人。在许多情况下，有些人还会感到被赋予了权力或者从这些行为和其引起的反应中汲取了活力。

但是，为什么在数字世界中会更容易、更频繁地发生这种情况呢？研究人员认为，由于网络互动"无形"的性质，人们不再受制于传统的得体的社交礼仪了。想象一下，把来自美国各地的50位养狗的人全部集中在一个房间里，告诉他们要保持安静。如果我们的任务是进入这个房间，并在一分钟内写下有关该群体的每一则信息，那么我们会记下什么呢？

我们可能首先会提到已经获得的信息：房间里的每个人都有一只狗。接下来，可以通过基本观察来确定许多其他的信息，例如该群体包括男性和女性；可能会看到各个年龄层的人，从高中生到头发灰白的退休人员；可以指出，有不同种族、身高、发色和体型的人；还可能会注意到，有些人很时髦，有些人蓄须，有些人戴眼镜，有些人则有身体残疾。在很短的时间内，我们就能够获得大量有关该群体成员个人特征的信息，而不需要以任何方式与他们交流。

但是，让我们继续设想一下，同样是这个群体，如果让他们留在自己家里，打开电脑，然后登录同一个在线论坛，情况又会如何呢？当我们进入这个论坛时，看到的只是一个用户名列表，也许还会有每个人上传的一张头像照片，这张照片还不一定显示本人的面孔、身体，甚至都不是本人的照片。那么这次，我们能写下关于这群人的什么信息呢？

我们的信息记录可能仅有几条：他们都养狗；也许这个群体里有男有女；这些人几乎看不出任何个人特征。

去个体化影响的社会身份认同模型（Social Identity Model of Deindividuation Effects, 简称 SIDE）理论解释了当个人特征被隐藏起来、不可见时会发生什么。群体成员不再关注个人特征，而是加倍关注共同的社会身份。研究表明，在网络群体中，个人对群体身份的重视比对个人身份的要强。由于缺乏突出个别差异的非语言性线索，个人特征已经几乎被抹掉了。这使得群体内的凝聚力非常强，于是群体成员便会压制个性并扩大内部成员与外人之间的差异。对于社交网络而言，拥护任何一种煽动性观点都有显而易见的影响。因此，尽管 Facebook 和 Twitter 希望用户专注网上的个人体验，但这种体验与个人所属的群体越来越分不开了。

那么，作为组织领导者，能为组织和组织成员的归属感做些什么呢？以及，想一想，组织领导者为什么要关心这些呢？

理解人类对归属感的渴望，是理解在当前环境中如何进行领导的关键。当人们拥有对所在团队、组织、事业或社群的归属感时，会发现自己的目标与所属集体、所属领导者以及集体其他成员的目标是一致的。每个人一起努力，朝着共同的目标前进。人们会产生一种控制感，它可以为组织带来秩序感，并渗透到个人的日常生活中去。

拥有了秩序感，就拥有了可预测性，我们自己的行为和周围人的行为都有了可预测性。正是这种可预测性，使得领导者能够采取必要的行动来建立和维护组织的愿景。

我们对组织来说很重要、在组织中感觉很安全，这样就会进一步强化归属感。当人们感到自己有所归属时，会更多地参与活动并且更有生产力。归属感有助于人们相互理解，加强组织成员与领导者之间的纽带关系，增强人们的自我价值感。

归属感不仅与个人的良好感受与状态息息相关，也与组织息息相关。在适当的时间、为特定的目的、将合适的人员引入会议、任务或工作之中，组织领导者可以借此树立成员们的目标感，同时成功地利用好资源来实现组织的目标。归属感还有助于领导者在组织内树立成员们的一致认同感。当人们感到有所归属时，更有可能与身边人的态度和行为保持一致。

当人们缺乏归属感时，会本能地以不健康的方式寻求归属感，这对组织来说可能是极具破坏性的。简而言之，组织内部缺乏归属感，不仅会导致组织成员产生消极情绪、效率低下，而且还会使成员站在与组织对立的一方，或以不健康的方式找寻自己迫切需要的归属感，这不仅对个人而言会造成伤害，而且对组织而言，也会造成灾难性的后果。

在新的环境中，人们过去从所在社区中获得的那种真实的归属感，已经不再那么普遍了。对于某些人来说，它甚至可能根本不存在。同时，通过新兴技术、社交媒体以及它们带来的无处不在的信息，人们面前也有无数通路可以获得归属感。在这个人们不容易感受到归属感的世界中，在这个人们都有能力感受到自己有所归属的世界中，组织领导者需要帮助成员们在因认同感而努力时，做出正确的决定。

如果领导者不能为成员做到这些，成员将以自己的方式获取归属感，而这将使组织整体为了维护秩序和优化行动结果所付出的努力化为乌有。

当真实的归属感开始在成员们身边消失时，作为领导者，必须通过有效的方式为成员们创造归属感，使他们感受到自己在组织中是有意义的。领导者必须使每个成员都感到自己在组织中是受到平等对待的。作为领导者，必须定期投入一定的时间，来确保组织内的每个成员感受到归属感。

打胜仗时刻

RADICAL INCLUSION

◎ 归属感是由身份感、安全感和秩序感结合而成的。

◎ 归属感的最高标准，是愿意放弃个人利益，以提高集体利益。

◎ 归属感实际上是一种需要，没有它，人们就会在身体上和精神上遭受痛苦。

◎ 理解人类对归属感的渴望，是理解在当前环境中如何进行领导的关键。

RADICAL INCLUSION

第三部分

打胜仗的六大原则与三大本能

RADICAL INCLUSION

第 6 章

原则一，创造共同的回忆，打造归属感

测一测你对打胜仗的思想了解多少

1. 领导者要赢得追随者的信任与信心，下列哪项做法是错误的？

   A. 在追随者身上投入最稀缺的资源——时间
   B. 为追随者创造共同的回忆，增强其归属感
   C. 以更高瞻远瞩的视角和权威性的指令来引领下属
   D. 在追随者遭遇挫折时做一次雪中送炭的拜访

2. 想为追随者创造归属感，就要为他们创造共同的回忆，下列哪一项行动不可行？

   A. 让追随者对组织成功或失败的原因和过程了然于心
   B. 为追随者创造目标感和安全感
   C. 帮助追随者从错误经验中学习
   D. 在任何情况下，都放任让追随者自己去摸索做事的方法

3. 登普西将军的下列哪项举动为他的下属创造了归属感？

   A. 决定永远不放弃自己的士兵
   B. 拒绝修女与士兵们谈话的请求
   C. 对于不够优秀的士兵失去信心
   D. 让士兵与修女一起祈祷

领导者都很忙。大多数领导者会说，他们的工作量相较于以前增加了，而且都必须在更短的时间里做完。这可能是真的。因为如今的领导者要带着组织的期望应对新增的挑战，那就是管理成倍增长的信息、在数字回声时代以叙事手段赢得支持，以获得追随者的关注、信任和信心。

领导者必须始终为赢得追随者的信任与信心而竞争。但是，在数字回声时代，这种竞争变得更加激烈，也越来越重要了。原因非常简单。如果追随者感觉不到自己属于某个群体、部门、公司或集团，那么他们很容易找到其他值得相信和归属的地方。

无论有多忙，也无论有多少其他优先事项需要去关注，领导者最重要的责任就是使追随者喜欢自己所属的组织。

能让追随者感到有所归属的机会近在咫尺，总之就是要给追随者留下回忆。**领导者要让追随者感受到自己的关心，就要在追随者身上投入组织领导者最稀缺的资源——时间。**

领导者必须培养出一种为追随者创造归属感的本能，有了这个本能之后，领导者就可以牢牢把握所有可以帮助追随者感知归属感的机会。比如说，在走廊里与追随者的几句私下交谈，在会议中的衷心称赞，愿意花几分钟时间倾听追随者的想法；或者为帮助追随者更好地完成提案或项目提出建设性的建议；或是在谈话开始时先询问对方或其家人是否安好；或者用手写的纸条表示慰问、祝贺或感激；或者在追随者遭遇挫折时打一个不期而至的电话或做一次雪中送炭的拜访。

领导者为追随者制造成功的或失败的回忆，都可以增强其对于承诺和归属的感受。请领导者亲自为追随者创造回忆，不然会有别人去给他们创造。

修女的祈祷

1975 年，年轻的登普西中尉在一个偏远的德国哨所担任指挥官，当时的他对任何职责之外的事件都没兴趣。那时他有个挥之不去的担忧，他害怕如果冲突升级，那么这个小小的军事营地就会是第一道防线。这个营地与一般想象中的坐落在德国森林当中的前线军事基地一模一样。约 730 米见方的营地四周被顶端装有倒刺的铁丝网围栏所环绕。6 个金属匡西特小屋[①]充当办公室和生活区。

当一位中士走近登普西，报告营门外有不速之客来访时，登普西心里充满疑问。他知道，这样的意外来访很可能意味着麻烦。事实证明，这次来访的是个不寻常的客人。中士告诉他，在营地等着的，不是敌人，而是一位修女。“你说什么，中士？”登普西想确定他没有听错。“一位修女，长官。”中士回答道。

登普西很好奇。他想问中士，最近的村庄在约 16 公里开外，修女是怎么跑到他们这个偏僻的基地的。但是他实用主义的想法占了上风。他当时正在监视边境的巡逻行动，不想分散注意力。于是他告诉中士：“告诉她我真的很忙，请她换个时间再来。”

5 分钟后，中士回来了，他说这位修女一定要和登普西说上话之后才肯离开。登普西想，看来这也许确实是位修女。他回忆起曾在新泽西州贝永市（Bayonne）就读的语法学校，学校里教他的修女们就是这样顽强和坚持的。

出于一半好奇、一半谨慎的想法，登普西决定出面接待这位修女。如果他不尊重修女，母亲知道了一定会责备他。果然，站在营地门口

① Quonset hut，一种呈半圆形的金属制军用活动房屋。——编者注

的，是一位身穿黑色罩袍、身材娇小的老妇。她热切地向登普西致意。紧接着，修女自信地介绍了自己："您好，中尉。我是玛丽·塞西莉亚修女（Sister Mary Cecilia）。我来自密尔沃基，刚刚到这里不久。"她说，"修道院里的一个姐妹告诉我，说这片森林里有一小队军人。我来这儿和你的士兵一起祈祷。您知道，今天是星期日，祷告日。"她说的话很随和亲切，就像酒店的客房服务人员在房间门口说要来打扫房间一样。

登普西感到措手不及，他从语法学校毕业以后，对于接受陆军以外任何身着制服的人的命令，他都感到非常不习惯。登普西礼貌地拒绝了修女。她同意离开，并拒绝了军方派车送她回修道院的好意。但是她说会在以后的某个星期日再来的，并希望下次登普西允许她进入营地。

果然，两个星期后，修女再次出现在营地。不过，这次登普西已经确认了她的身份，所以允许她进入营地。她毫不迟疑，步态轻盈地走向篮球场，这时，登普西手下的一群大兵正在进行激烈的比赛。

"您要去哪儿？"登普西匆匆跟在她身后，试图避免即将来临的灾难。他都能想象出来大兵们对修女打断了他们比赛的激烈反应。塞西莉亚修女说："我要去那边的那群士兵那里。""修女，"登普西谨慎地说道，"那群大兵可能有些粗鲁，他们可不会喜欢您打断他们的比赛。"

登普西并没有夸张。这群士兵是在陆军历史上一个非常艰难的时期被征召入伍的。他们心怀不满，其中包括几名正等着接受司法惩戒，要被开除军籍的家伙。在球赛半当中，一位修女突然出现并宣布："小伙子们，我来这儿和你们一起祈祷。"想象一下，这些粗犷的大兵们脸上会是什么表情。现场的情景如此不同寻常，令人出乎意料，大兵们一时都不知道该做何反应。他们带着一半困惑、一半不耐烦的表情互相看了一眼，想知道该如何应对这个情况，然后他们轻蔑地看着登普西，仿佛在说："真不敢相信，居然是你把她带到了这儿。"

当然，这些打篮球的家伙根本不可能知道登普西和他们一样，也为这位修女的突然到访所困扰。但是，现在登普西面临着两难的问题。他可以将这位修女送到公共汽车站，不管不顾地向修女耸耸肩就结束这次会面，让大兵们继续他们的球赛；或者他可以保护这位修女，让大兵们平息因被打断球赛而产生的怒火。登普西采取了折中的方法，他向大兵们介绍了修女，并告诉他们如果愿意，可以与她一起祈祷，但同时他也保证，这完全取决于他们自己的选择。

不管是出于什么原因，这些大兵都停下了比赛，开始和修女一起祈祷。在简短的祈祷之后，修女询问大兵们和他们家庭的情况。大兵们热情开放，每个人都说出了自己的情况，他们感觉到这位修女是真的很想了解他们。和篮球场上的士兵们分手后，她又在营地各处都巡访了一遍，与几个不同群体的士兵们会面，直到天黑。这一天结束时，登普西准备送别修女。

这次修女接受了登普西派车送她回去的好意。不过，她还为他准备了另一个让人意外的问题。“为什么今天早些时候您不希望我去和篮球场上的那些士兵交谈呢？”她说话一点儿也不拐弯抹角。

登普西给她的回答有些外交辞令的意味，他说：“因为里面有些人不是我手下最好的士兵。”“但他们仍然是您的士兵，对吧？”她反驳道，并不十分在乎自己的话可能会让这里的主人感到不安。“是的，当然是。您为什么要这样问？”登普西尽量显得没有戒心的样子。“那您已经放弃他们了吗？”修女又问道。“当然没有！”登普西高声异议道，但立即意识到修女可能发现了他所忽略的东西。也许他对他手下的某些士兵确实失去了信心。“那就好，”修女回应道，“希望您永远不要放弃自己的士兵。”

登普西告别了塞西莉亚修女，便深深沉浸在自己的思绪中。他真的对自己的某些追随者失去信心了吗？从那天起，登普西决定永远不放弃自己的士兵。如果他们有勇气保家卫国，登普西就会以与他们相称的真诚来报答他们。多年以来，有些士兵未能遵守军纪，不得不离开了军队。但是，登普西不会是第一个主动放弃他们的人。他会确保每个在他麾下的士兵都感受到自己是所属团队里的一员。

多年之后的 1998 年，当登普西上校在卡森堡（Fort Carson）卸任第三装甲骑兵团的指挥官时，一位身材高瘦的军士长，陆军中级别很高的士官，走出欢送队列向他表示祝贺。“您好，长官。您还记得我吗？”这位军士长问道。登普西认出了他，但当时登普西已经服役 24 年了，他记不得曾与这位军士长具体在何时何地一起服役过。

“我是 1975 年第二骑兵团的格雷格·文森特（Greg Vincent）。您曾是我的排长。”军士长自我介绍说。格雷格·文森特，他是塞西莉亚修女出现在边境营地时篮球场上的一位士兵。“你好，军士长！我看到你做得非常出色。恭喜你！”登普西说道。“长官，您也是。感谢您给了我第二次机会。我知道我当时不是最优秀的士兵。”军士长回应道。“不用说谢谢，格雷格。那些日子里我们都学到了很多。我为你感到骄傲。”登普西和他握了握手，然后他就回到了队列中。

至于塞西莉亚修女，她后来成了营地的宠儿。当士兵们不在边境执行任务时，一些士兵甚至有时候会带上妻子一起去探望她。登普西与她保持了 20 多年的联系，直到她去世。他从未忘记这位修女为了与她一起祈祷的每位士兵所做的一切，她让他们对于和平、对于被人倾听和珍视有了美好的回忆。

如何创造共同的回忆

为追随者提供归属感，是一个令人钦佩的目标。作为领导者你可能会问自己如何才能实现这个目标。遵循“给追随者创造共同的回忆”的原则是一种切实可行的方法，它可以在组织内营造归属感。

“给追随者创造共同的回忆”是需要持续不断实践下去的方法，它为追随者提供有意义的体验，使他们从中学习并将这种体验带入未来的工作中。高效的领导者会为追随者提供一个舞台，让他们能够围绕积极的或消极的体验构建起自己的回忆。领导者应该为追随者提供的体验包括以下 5 个方面。

1. **成功：**每个追随者都应该对成功的过程记忆深刻。组织是如何实现目标的？追随者本人为实现这一目标做出了怎样的贡献？实现此目标后，如何达成组织的更高目标？作为个体所感受到的成功是什么样的？作为一个组织感受到的成功又是什么样的？以及，为组织的成功而做出贡献的感觉是什么样的？
2. **失败：**每个追随者也应该对失败的过程记忆深刻。组织做错了什么，或者原本它应该怎样做才可以更好地完成目标？作为个人，本该采取怎样不同的行动来改变结果？

失败对组织的总体目标有什么样的影响？以及，在失败面前，追随者必须处理好哪些感受？

3. **被关怀：**归属感的核心在于有目标感和安全感。当领导者向追随者表明自己关心他们作为个人和组织贡献者所做的一切时，就会加强追随者对组织的归属感。

4. **事情正常的样子：**做正确的事并不总是那么容易的。领导者需要给追随者提供机会，让他们学习如何聪明地决策、高效地行动，尽管领导者要为此付出加倍的时间和精力。追随者将带着回忆走向未来，这些回忆会带给他们宝贵的教益，指明未来的方向。

5. **事情出错的样子：**错误注定会发生，而这些错误通常是最好的学习机会。高效的领导者会向组织展示容易出错的情况。但一旦追随者犯了错，领导者就为他们提供机会去亲自应对做错事的压力和感受，这不仅会带给他们宝贵的精神教益，还能为他们提供应对未来可能发生的损失和失败的经验和工具。

领导者遵循“给追随者创造共同的回忆”的原则，相当于迈出了构建真正的归属感的第一步，这种归属感对组织的成功至关重要。这些回忆会激发追随者为组织的愿景努力做出贡献。

回忆有助于激发和培养每个组织成员真诚的决心，令他们决心要跟随领导者履行使命，服务于组织的目标。“给追随者创造共同的回忆”能够为组织成员提供所需的经验、教训和工具，以便于其对组织运营产生积极影响。

打胜仗时刻

RADICAL INCLUSION

◎ 领导者要让追随者感受到自己的关心，就要在追随者身上投入组织领导者最稀缺的资源——时间。

◎ 领导者为追随者制造成功的或失败的回忆，都可以增强其对于承诺和归属的感受。请领导者亲自为追随者创造回忆，不然会有别人去给他们创造。

◎ 领导者遵循“给追随者创造共同的回忆”的原则，相当于迈出了构建真正的归属感的第一步，这种归属感对组织的成功至关重要。

◎ 领导者要让组织中的绝大多数人打心底里认为，我们正在完成的正是我们一起出发要去完成的事业；让人人有归属感，一起带着成功与失败的回忆走向未来。

RADICAL INCLUSION

第 7 章

原则二，连接努力与意义，为追随者赋予意义感

测一测你对打胜仗的思想了解多少

1. 登普西将军为了激发骑兵团的潜力做出很多聪明举措，下列哪一项不在其中？

A. 不断向骑兵团发问：我们最重要的事情是什么？
B. 把每件事情都当成首要任务
C. 充分强调骑兵团最重要的目标：我们都是侦察兵
D. 在悼念烈士的仪式结束后，告诉士兵：让他们的牺牲有意义

2. 下列哪一项举动不能帮助领导者为追随者创造意义感？

A. 将自己的价值观与组织的价值观相融合
B. 下属的工作必须服务于组织的目标，不必顾忌个人收获
C. 让每个人都感到有潜力成为更好的人
D. 帮助追随者认知到组织所做的事情对他们有何意义

3. 关于“为追随者赋予意义感”，下列哪个说法是错误的？

A. 当人们感到自己所做的事情有意义时，才会坚定而自信地勇往直前
B. 要让追随者理解他们在组织中的职能，帮助他们找到做事的意义
C. 为了让追随者觉得所做的事情有意义，可以夸大事业蓝图
D. 为追随者赋予意义感，能建立“健康、高产、高效”的团队文化

电影《拯救大兵瑞恩》中所说的事情，发生在 1944 年 6 月诺曼底登陆的最初几天里。这是一个关于无与伦比的勇气和在艰苦恶劣条件下的领导才能的传奇故事。

约翰·米勒（John Miller）上尉在被征兵入伍前是一位学校老师，他和他的 9 名士兵在奥马哈海滩登陆的激烈战斗中幸存了下来，却又被选中去寻找大兵瑞恩。瑞恩跟随第 101 空降师降落在敌后，他的 3 个兄弟在几天之内相继牺牲，他成了他妈妈唯一幸存的儿子。米勒上尉手下士兵的心情十分复杂，有些人因为他们得为这个素不相识的家伙去冒生命危险而感到愤怒，但在米勒上尉的领导下，他们成功地找到了大兵瑞恩，并将他带到了安全地带。但是，做到这一切的代价却非常高昂。

《拯救大兵瑞恩》的结尾处有一个感人至深的场面。米勒上尉在寻找大兵瑞恩的任务中失去了 8 名士兵，而他自己在伤重弥留之时，对大兵瑞恩小声说："要对得起所有这一切！"米勒上尉是在告诉大兵瑞恩，要让他们的牺牲有意义。

我们都愿意相信自己所做的事情很有意义。无论是在自己的个人生活中，还是在工作上，都是如此。

领导者的职责之一，就是为追随者赋予意义感。作为“意义的制造者”，领导者要帮助周围的人了解他们所做的在整个组织当中是多么重要。领导者还要帮助身边的人理解和欣赏他们自己的重要性。好的领导者有意识地这样做，而顶尖的领导者经常这样做。

值得注意的是，赋予意义感的责任要由领导者和追随者共同承担。每个人都应该认识到，我们的生活可以并且应该有意义。每个人都应该接受这样一个事实，即我们可以有所作为，有时甚至会大有作为。只要经常“小有作为”，就有可能聚沙成塔，这样我们的生活最终总会是有意义的。

但是，就像领导力中的其他大多数职责一样，赋予意义感是一项不平等的责任。这一责任很大程度上需要领导者承担，领导者要去解释、去鼓励、去启发。如果你是领导者，为了你自己，为了那些追随你的人，也为了你的组织，为你们的工作赋予意义感吧！

让他们的牺牲有意义

2003 年和 2004 年，登普西将军麾下有 3.2 万名士兵。他们的任务是为战区提供一个安全的环境，并恢复排污、供水、供电和垃圾清运等基本服务。事实证明，这个任务变得越来越困难，登普西和他的士兵们成了敌对组织袭击的目标。

从 2003 年 8 月开始，登普西的部队出现人员阵亡。从出现阵亡士兵开始，他们通过两种方式来缅怀部队的损失。每天晨会开始时，阵亡士兵的名字会显示在简报室前面的大屏幕上，然后他们会默哀片刻。之后，他们会尽快在前线作战基地举行追悼会。

很快，登普西将军就变得对每天的晨会感到不满和不安了，他觉得前一分钟还在怀念一名阵亡士兵，后一分钟就把他遗忘了，这样是不对的。他想要一种更隽永、更持久的缅怀方式。因此，他让副官给他准备一些约 5 厘米宽、10 厘米长的覆膜卡片。每张卡片都经过精心制作，上面印制了阵亡士兵的照片和个人信息。登普西心想，有了这些纪念卡片，他就可以一直随身带着他对阵亡士兵的思念了。

随着时间的流逝，阵亡士兵的人数也在增加，不久之后，登普西将军就无法每次都随身携带全部的纪念卡片了。他需要一个地方好好保管这些卡片。他找到了一个红木雪茄盒，正好很合适。登普西小心翼翼地把这些珍贵的卡片放入盒中，每张卡片都记录着他对一名士兵的纪念。每天，他都会随机选择几张卡片随身携带，这样就可以继续向那些在他麾下阵亡的士兵致敬了。他现在仍然在这样做。

最终，盒子里总共装了 132 张卡片，盒子本身在登普西的生活中也变得越来越重要。他决定要在盒子上刻些什么。但是刻什么好呢?

大多数人都看到过军队悼念仪式的画面。一个小小的骨灰盒、一支刺刀插入地面的步枪，枪托上挂着一顶钢盔、一双军靴和阵亡士兵的身份识别牌。阵亡士兵的战友们在追悼人群的第一排就座。然后阵亡士兵的直接领导，通常是中尉或上尉，会讲述他们对士兵的怀念。接着阵亡士兵的一两位同袍、他幸存的战友，会向阵亡士兵致以悼词。随后，军队慰灵哀乐奏响。

对于登普西将军来说，这些都是痛彻心扉的经历。

每次悼念仪式结束后，悼念者会一一走到阵亡士兵的战友队列前，向他们表示哀悼之情，并尽可能地鼓励和安慰他们。在阵亡士兵的战友们眼中，你既能看见恐惧，也能看到内疚：恐惧的是，他们不得不回到那个导致战友牺牲的环境中去；内疚的是，他们的战友没能活下来，而他们却是幸存者。

在头几次这样的悼念仪式中，登普西将军根本找不到合适的方法来帮助自己或那些年轻的士兵得到安慰。后来，一个清晨，在梦醒之间思绪飘忽的时刻，他突然想到了一句非常简单、非常合适的话。这句话正是后来被刻在他那珍贵的红木盒子上的文字。

从那天早上开始，每次悼念仪式结束时，登普西都会走到阵亡士兵战友的队列前，与他们握手，然后言简意赅地告诉这些士兵：“让他们的牺牲有意义。”每个士兵都明白将军的意思。

那个红木盒子的盖子上就镌刻着这句话。无论登普西后来升职到哪里，这个盒子一直被妥帖、虔敬地摆放在他的办公桌上。他一直在想，无论一个人的职业或地位如何，“让他们的牺牲有意义”这句话，都可以而且应该在一个人的一生中发挥作用。

如何为追随者赋予意义感

没有人愿意每天去上班，大多数人都是“做一天和尚，撞一天钟”。但每个人的内心深处，都渴望自己所做的事情会使其所相信的事业变得有所不同。当人们感到自己所做的事情与众不同时，会自觉成为组织使命或愿景的贡献者，坚定而自信地勇往直前。“赋予意义感”是将意义注入组织成员每天需要负责处理的工作之中。

对于领导者而言，有三种最切实可行的方法，可将“个人为组织所做的事情非常重要”这一信念传递出去。先要从领导者自己开始，然后专注于传达给组织成员，最后到达组织本身。领导者能做到“赋予意义感”的方法包括以下三种。

第一，将自己的价值观与组织的价值观相融合

领导者要自己定义并允许其他人了解你是谁。无论所处层级如何，每个领导者都必须清楚自己是怎样的一个人，也要很清楚当身处组织的更大视野中时，你又是怎样的一个人。谈到这一点时，杜克大学男篮主教练迈克·沙舍夫斯基（Mike Krzyzewski）指出，他不希望那些才华横溢的运动员“将他们的自我留在球馆门外”。他希望他们能将自我融入团队，学会为自己也为团队所用。这位教练是对的。作为领导者，你应该融合自我的不同方面，而不是消除它们。对自己在组织中所处的位置有所了解，会为你提供力量，调整你的价值观，并鼓励你发挥领导作用。每一天，你所感受到的动力、激情和能量，会伴随着你的工作而展现出充满希望的样子，让你本身就成为个人目标与组织整体愿景可以共存的证明。

第二，让每个人都感到有潜力成为更好的人

通过给予组织成员成长空间和促进成员之间的协作，领导者可以

鼓励他们将工作变为使个人和组织都受益的载体。而且，如果你能成为别人想效仿的领导者，组织成员就会理解“成为更好的人”的意义。登普西将军很喜欢告诉他手下的校官们：**“如果你的下属未来不想成为你这样的人，那么这就是你的失职。”**

第三，让组织所做的事情对每个人都有意义

领导者的职责不仅是去指挥、指点和追究责任。更重要的是，在组织努力实现目标的过程中，领导者要赋予大家所共同经历的事情以意义。领导者只有分享自己的所知所想，组织中的个人才能更透彻地理解他们在组织中的位置与责任。

我们都是侦察兵

当登普西将军在 1996 年于科罗拉多州的卡森堡接手指挥第三装甲骑兵团的 5 200 名士兵时，他发现这是一个因调防工作而动荡不安的部队。这个部队刚刚被调防过来，在调防期间，领导层发生了非常大的变化；这个部队吸收了一些来自闲置部队的士兵；而且这个部队身处偏僻之地，对新的指挥官也感到非常陌生。

将调防期间所带来的问题变得更加复杂的，是此时陆军部发布了

多条无所不包且不容置疑的指令，而这些指令又必须由陆军士兵们当作首要任务去完成，这让陆军部在士兵们心里变得恶名昭彰。这不是登普西将军第一次碰到这样的情况。在和平时期，对于今后何时需要军队以及需要军队去做什么，每个人都有自己的一套说辞。1996 年就是这种情况。每个层级的司令部都想降低在未来有紧急部署之需时犯错的风险，因此它们在给下级指挥部布置任务时都变本加厉地严格。当然，正如登普西所知道的那样，当每件事情都是首要任务时，就等于什么都不是首要任务了。

在上级指挥部的指令下，第三装甲骑兵团制定了一个“基本任务事项清单”，其中包括这个团需要准备的十几项任务——从“有备防御”到“有备进攻”，从“遭遇战防御”到“遭遇战进攻”，从“运动接敌”到“观察、掩护、探路和区域侦察”这样的传统骑兵任务。实际上，并没有足够的时间或训练资源来使士兵们在所有这些事项上都变得非常熟练。这使下级军官对高级军官满腹牢骚，他们认为，高级军官们对于他们每天都得协调相互冲突的优先事项这一情况视若无睹。

因此，当登普西将军接管指挥权时，这个部队的军官们向他提出的第一个问题是，他如何确定部队行动的优先次序。这是一个不错的问题。但是，登普西没有直接为他们作答，也没有拿出清单、简单地将任务按重要性从高到低的顺序列出来。登普西召集了这个团的指挥官，问他们：“你们认为当下最重要的事情是什么？”指挥官们并不是很明白这个问题的意思。“你们看，”登普西打趣说，“就像电影《城市乡巴佬》（*City Slickers*）里那样，有没有一件事情能概括你作为这个团的指挥官的核心目标呢？”

登普西解释说，如果组织已经确定了对它来说最重要的事情，那么它就会想要在这件事情上胜过其他任何人，接下去它就会知道如何确定任务的优先次序，以及将关注点放在任务的哪些方面。数年后，总统询问登普西将军，军队会如何帮助西非解决埃博拉病毒危机。当时登普西将军非常清楚军队“最重要的事情”是什么，他清晰地回答了总统的问题，继而成功地助力国家完成了抗击埃博拉病毒危机这项非常艰巨、形势又快速变化的任务。我们会在后文中具体讲述这件事。

“那么，我们‘最重要的事情’是什么呢？”登普西再次向卡森堡的指挥官发问。在每个团队成员的参与下，他们集体确定了对于骑兵团来说，这件“最重要的事情”到底是什么。从本质上讲，他们最重要的事情是为兵团那位指挥着 4.5 万名士兵的司令官能掌握军情而去战斗，去积累和提供情报。骑兵团是司令官的眼睛和耳朵，而兵团司令官在很大程度上，就是根据他从骑兵团获得的情报来决定部队的部署是进攻还是防御的。

另外，登普西将军和他的团队制定了“我们都是侦察兵”的口号。在这个由 5 200 名士兵组成的骑兵团里，有着多种身份的士兵，有侦察员、坦克手、炮兵、化学专家、物流专家、飞行员、厨师和行政专家。但是，为了树立他们对“最重要的事情”的理解，每个人都需要先理解他们都是侦察兵。这样一来，无论是在前线还是在后方，无论是厨师还是机师，他们都知道对骑兵团来说，什么事情才是最重要的。

解决了这些问题后，登普西将军召集了一小批核心指挥官，来梳理冗长的基本任务事项清单。他问道：“在这个清单上的所有任务中，哪些最有助于我们为兵团司令官提供信息？”答案是“运动接敌”。

军事任务的成败，取决于军队对即将交手的敌人到底了解多少。如果对敌人有足够的了解，包括位置、规模和武器配置，那么有备进攻就是合适的行动方法；如果对敌人的了解较少而需要更多情报，那么运动接敌就是合适的方法。骑兵团根据自身的情况，选择了运动接敌的策略，他们以尽可能少的军力向前移动，在先头部队与敌人交战时，再做出反应并相应调整。经过适当的训练，加上因了解指挥官意图而带来的信心，骑兵团的适应速度比敌人更快。有趣的是，所有的运动接敌最终都会过渡到遭遇战进攻或者遭遇战防御。所以，通过专注于掌握运动接敌，指挥官们也必然会对不同的任务形成深刻的理解。

在登普西将军指挥骑兵团的两年中，他率领这个骑兵团全力以赴地去掌握运动接敌的方法。他们把那些被要求做的其他事情，都理解成是他们已掌握任务的另一个版本，即他们所知道的“最重要的事情”的衍生形式，而正是这件“最重要的事情”，激发了他们作为士兵和指挥官的潜力。通过定义团队的目标，登普西将军找到了一种方法，使骑兵团每个人的任务都是有意义的。

领导力的第二条原则“赋予意义感”与第一条原则“创造共同的回忆”一起发挥作用，能建立起一种团队文化，让团队成员能够以健康、高产、高效和充分的行动，为团队的目标和愿景做出贡献。只有遵循这些原则的组织，组织才能建立起一种精神，使组织成员能够高效地开展工作，在多线任务中认清航向，对高优先级的任务和低优先级的任务做出有效而充分的反应，并在危机情况下做出迅捷的应对。领导者有责任创造和维护这样的环境。

打 胜 仗 时 刻

R A D I C A L　I N C L U S I O N

◎ 领导者的职责之一，就是为追随者赋予意义感。好的领导者有意识地这样做，而顶尖的领导者经常这样做。

◎ 如果你的下属未来不想成为你这样的人，那么这就是你的失职。

◎ 领导者要在组织共同努力的过程中不断分享自己的信息，让每个成员了解自己在组织中的位置，让每个成员都感到有潜力成为更好的人。

◎“我们都是侦察兵”，领导者要给团队建立共同的目标与意义，有了共同努力的目标，那么任何人都可以变为自己人。

RADICAL INCLUSION

第 8 章

原则三，学着想象，创造性地解决问题

测一测你对打胜仗的思想了解多少

1. 刘慈欣说：想象力对人类的意义，远远超出我们的想象，下列关于想象力的说法哪个是错误的？

   A. 想象力是一种可以习得的品质
   B. 想象力是先天决定的
   C. 学会想象，需要先学会对微弱的信号保持警惕，不轻易志得意满
   D. 学会想象，需要用清晰有力的表达去连接与自己不同的思想

2. 在新环境中，领导者应首先运用的领导力原则是什么？

   A. 学着想象
   B. 快速行动
   C. 共创语境
   D. 向下属放权

3. 好的领导者会“学着想象”，以创造性地解决问题，下列哪项不是恰当的做法？

   A. 领导者必须避免假设第一个答案就是最佳答案
   B. 只要过去的方案有效，就可以拿来即用，这样才最有效率
   C. 领导者不能因为过去的流程有效就盲目地遵循它们
   D. 当领导者面对任何一个任务时，都必须先想象所有的可能性

在团队运动中，使顶尖运动员鹤立鸡群的，常常是他们利用想象力为自己和队友创造机会的能力。传奇冰球运动员韦恩·格雷茨基（Wayne Gretzky）曾将他的成功归功于这样一句话："滑向冰球要去的地方，而不是冰球现在所处的地方"。康涅狄格大学女篮和美国奥运女篮主教练杰诺·奥利埃马（Geno Auriemma）说，他在招募球员时会"先找好的传球手，再找好的投球手"，因为好的传球手能看到好的投球手可能会错失的机会。

想象力与预期有关，也与愿景有关，但这只是一方面。**想象力是一种可以习得的品质。它是训练、经验结合本能的产物，能在复杂的环境中以团队合作的效率产生创造力。**

并非所有人都认为想象力是可以习得的。想象力缺失带来的失败随处可见。实际上，在发生重大危机之后，甚至在许多"灾难性成功"[①]之后，领导者常常会说："我们从未想象过会发生这种情况。"

① 意为成功有时会带来无法预料的后果。——编者注

但是如果领导者真正把重点放在“学”上，是可以学会想象的。

◎ 如果领导者学着去倾听，并努力掌握团队里最低层级的成员所知道的事情。

◎ 如果领导者学着对微弱的信号保持警惕，不轻易志得意满，不对合乎心意的消息洋洋自得。

◎ 如果领导者学着去寻找能挑战、激励自己，令自己醍醐灌顶的顾问。

◎ 如果领导者学着用清晰有力的表达去连接与自己不同的思想。

◎ 如果领导者学着去质疑假设，并提出有的放矢的问题。

◎ 如果领导者学着对事情的复杂性感到释然而对简单性保持警惕。

只要领导者能使以上这些“如果”成真，就能学会想象。

如果你是领导者，你需要代表团队发挥想象力。但是，你先要学习，然后才可以想象。

当组织面临一些我们早就准备好去解决的问题时，已有的经验能帮助我们成功解决问题。因为针对这些问题我们经历了长期的训练和准备，已经有了书面流程、操作手册和方法论。在处理这些问题的过程中，我们依靠的是一套精心开发的、经过实践检验的、切实可行的流程。

相反，当组织面临我们没有过针对性的培训或准备的挑战时，我们可能会因为缺乏现成的流程范式而感到力不从心，甚至很难知道从哪里入手去解决问题。

此外，有时候，我们会觉得自己在一定程度上做好了解决问题的准备，但是又很清楚自己在能力和流程准备上的不足可能会对结果产生巨大的负面影响。我们可以把所有的准备工作都做完，但是无论现有的流程有多么稳健，也无论我们对组织的能力如何信心满满，甚至无论我们如何笃定地认为过去带来成功的流程在将来也会继续成功下去，哪怕是在上述这些优势都不存在的情况下，在新的环境中，领导者都应首先运用领导力原则的第三条：学着想象。

正如本书反复重申的那样，领导者必须接受并理解我们现今所处的环境是一个持续快速变化的环境，而且我们收到的信息还受到数字回声的影响。这些因素对于领导者如何运营组织有着诸多影响。

首先，这些影响意味着以前对我们有用的东西，现在可能不再有用了，而且过去我们依赖的流程手册可能无法匹配新环境中出现的所有问题。

其次，这些影响也意味着，随着我们面临的挑战越来越广泛和多样化，领导者的角色在不断增加。随着新技术的出现，领导者将来的某些角色也正在改变。

最后，这些影响也意味着领导者将不再是以某个领域的专家身份去执行任务。问题只要有解决的可能，领导者都必须挺身而出。另外，领导者还将负责执行之前没有任何经验的任务，并且还伴随着很多风险。

但这并不意味着现有的流程已经没用了。这些流程手册仍然有效，并且仍然包含有用的信息，组织每天都在使用这些信息进行操作。关于领导者的角色，不是说它们就变得过于重要了，不是说领导者不能再学习影响所在行业的新技术了，也不是说领导者无法再找到并执行真正的解决方案来应对所面临的各种挑战了。当然，这也并不意味着领导者需要通过注册另一个研究生课程来获得更多的经验，或者要降到一个较低的层级来学习如何完成任务。

真正的解决方案是这样的：**当领导者面对任何一个任务时，无论它是普通的任务还是严重的危机，都必须先想象所有的可能性，以便确定组织要解决这个问题首先需要定下的目标是什么。**

聪明应对埃博拉疫情

在埃博拉疫情成为西非最严重的问题之前，登普西将军听从了他的外科医生纳贾·韦斯特（Nadja West）少将的建议，亲自着手了解这种疾病。韦斯特医生是该领域的专家，她相当准确地预测到了埃博拉病毒会产生重大影响。尽管当时华盛顿还很少有人讨论埃博拉疫情，但韦斯特少将敦促登普西将军要关注它，并建议登普西将军不仅要了解更多关于埃博拉的知识，还应该召集一个专家小组讨论军方应该如何在政府控制埃博拉疫情的大规模行动中做出贡献。

当时，军队已经任务繁重。登普西将军回忆起这件事仍感苦恼。在听从韦斯特的建议与完成眼前更迫在眉睫的任务之间达成平衡，这并不容易。他知道，应对埃博拉疫情并不是军队一定得参与的事情。他也清楚，可以不采纳这个建议。毕竟，这不是军队的一项天职。然而，登普西将军知道，军队所拥有的独特的组织、后勤和训练的能力，恰恰能在危机爆发时用以应对迫切需要解决的问题。

因此，登普西与参谋长联席会议一起决定组成一个计划小组，确定这项任务的哪一部分最适合军方去完成。他们需要知道哪些资源是可以随时调用的，准备部署将花费多长时间。任何从商或从军的人都知道，当我们必须抽调资源来应对危机时，组织的生态系统会受到影响。除了对准备工作和成本方面开展研究之外，登普西还召集了来自学术界和疾病控制与预防中心的传染病专家，也网罗了美国政府中处理西非事务的专家，以便其与团队一起学习。

正如韦斯特医生所预言的那样，埃博拉疫情最终升级为危机，并有影响美国本土的危险。当时，美国总统召集国家安全委员会评估局势，并确定政府部门是否有其他选项来帮助解决这一危机。

军队已经准备好了。登普西将军和他的团队已经获得了所需的知识。军队已经与可能会承担最多任务的相关人士建立了联系，也已经与美国的两个欧洲盟国进行了协商。军队知道自己可以做出什么贡献、有多快奏效，以及这样做对军队在其他地方的任务而言相应的代价是多少。因为军队已经设想在未来肯定会有“最重要的事情”是他们必须去完成的，所以他们知道如何将自己的资源，尤其是自己的知识运用于埃博拉疫情这一危机上。

登普西和他的团队向总统展示了他们完备的方案。“我建议对军事医务人员进行培训，来应对包括传染病在内的各种医疗挑战，”登普西将军回忆说，“但是，从武装部队内部抽调大量医务人员会造成战备不足的问题。”

总统同意这一担忧，并询问团队是否有可能提出其他选项。

当然有。登普西将军没有动用军队自己的医务人员，而是提出军队可以提供这次危机之中最缺乏的东西，这也恰恰是军队做得很好的事情：建立一个作战中心，配备足够的人手和设备，来处理和共享信息；建立一个运输中心，来监视和协调后勤物流；建立一个培训基地，对数百名渴望帮助解除危机的国际医疗志愿者进行培训。换句话说，在对抗埃博拉疫情的战斗里，军队最有能力做好的最重要的一件事，就是提供一个协调行动的场地。

总统同意了。

为了迅速开展这项工作，军队调用了意大利维琴察（Vicenza）的陆军非洲司令部的一位两星将军担任指挥官。后来，他的位置由在肯塔基州坎贝尔堡（Fort Campbell）一个师司令部的一位两星将军接任。军队当时预计将有约 2 500 名士兵参与其中。他们的行动命令是为抗击埃博拉疫情的协调工作提供便利，提供一个作战中心，并与国际救援组织建立公开透明的关系。他们也将协助后勤管理，建立培训设施，并向医务人员提供有关如何在埃博拉热点区域安全操作的培训。他们还设置了一个限制原则来表达他们对风险的认识：任何军事人员都不准进入埃博拉热点区域。埃博拉热点区域即对埃博拉病毒携带者进行医治的区域。

在以上指导原则下，两名指挥官被部署到利比里亚并完成了任务。军队在协调、后勤和训练方面提供了帮助，赋予了特别任务团队的成员充分的权力，让他们可以在限制原则划出的范围内见机行事。

军队最终完成了应对埃博拉疫情的任务，同时没有影响他们在其他地方的战备状态。

如何“习得”想象力

领导力的第三条原则“学着想象”，是指创造性地解决问题，以及领导者应重新构想如何在各种条件下有策略地利用团队能力。

领导者必须避免假设第一个答案就是最佳答案。环境变化太快，而挑战正变得越来越复杂，领导者不能仅仅因为现有的流程在过去有效，就盲目地遵循它们。领导者必须超越常规的思维和行动方式，重新考虑运用团队能力的方式，并赋权下属，使他们帮助领导者找到成功的道路。

打胜仗时刻

RADICAL INCLUSION

◎ 想象力是一种可以习得的品质。它是训练、经验结合本能的产物，能在复杂的环境中以团队合作的效率产生创造力。

◎ 当领导者面对任何一个任务时，无论它是普通的任务还是严重的危机，都必须先想象所有的可能性，以便确定组织要解决这个问题首先需要定下的目标是什么。

◎ 环境变化太快，而挑战正变得越来越复杂，领导者不能仅仅因为现有的流程在过去有效，就盲目地遵循它们。

◎ 领导者必须超越常规的思维和行动方式，重新考虑运用团队能力的方式，并赋权下属，使他们帮助领导者找到成功的道路。

RADICAL INCLUSION

第 9 章

原则四，快速行动，杜绝决策瘫痪

测一测你对打胜仗的思想了解多少

1. 《爱丽丝梦游仙境与镜中奇遇记》暗合了那个时代盛行的进化论，认为生物必须不断进化才能生存，这部作品在哪一年问世？

   A. 1671 年
   B. 1771 年
   C. 1871 年
   D. 1971 年

2. 在局势瞬息万变的当下，在面对紧急又复杂的问题时，下列哪一项做法是最明智的？

   A. 培养行动的偏好，先行动，在行动中评估，然后调整行动
   B. 一定要收集到最完整的信息之后才行动，不管是否会错过时机
   C. 越是面对紧急情况越不要心急，慢慢想办法，慢慢行动
   D. 放任局势发展，船到桥头自然直

3. 登普西将军倡导在遇到问题时，应快速行动，下列哪一项不是原因？

   A. 数字回声时代，真假难辨，解决问题的速度至关重要
   B. 即使无休止地搜寻信息，也无法完美洞悉局势，不如在行动中探查情况
   C. 对行动的偏好可以激发组织活力，在行动中学习，在学习后优化行动
   D. 只要立刻行动就能完美解决所有问题

《爱丽丝梦游仙境与镜中奇遇记》（*Alice's Adventures in Wonderland & Through the Looking-Glass*）当中有很多妙趣横生的瞬间，其中之一便是刘易斯·卡罗尔（Lewis Carroll）[①]描绘了爱丽丝拼尽全力却仍留在原地的场面。爱丽丝既精疲力竭，又气愤难平，躺在附近一棵树下的红皇后被逗乐了。

> 爱丽丝很惊奇地环视周围，说道："真奇怪！我觉得咱们好像一直就待在这棵树下面似的。周围的一切东西都和刚才一模一样。"
>
> "当然啦！"红皇后说，"你还想怎么着呢？"
>
> 爱丽丝继续喘着气说："可是，在我住的地方，只要快快地跑一会儿，总能跑到另外一个地方的。"
>
> "那可真是慢吞吞的地方，"红皇后说，"你瞧，在我们这儿，你得拼命地跑，才能保持在原地。要是想到别的地方，得再快一倍才行。"

---

① 英国童话作家、数学家，《爱丽丝梦游仙境与镜中奇遇记》为其著名代表作。——编者注

这部系列作品问世的那一年是 1871 年。在这个场景中，卡罗尔暗合了那个时代盛行的进化论，认为生物必须不断适应环境和进化才能生存，同时还要面对不断变化的环境中不断进化的天敌。

听起来耳熟吗？如果说红皇后在关于人们在 19 世纪需要以多快的速度去适应变化的这一点上是正确的，那她对现今的变化会说什么呢？

在当今环境中作为一名领导者，你可能会发现自己不需要对一场进化竞争的结果承担责任，但是你会发现，在一个不断演化、不断改变的环境中，你要为你的追随者的成功负责，为他们对你的信任和他们的自信心负责。

为了在竞争中占上风，你需要培养对行动的偏好。

◎ 对行动的偏好是一种领导力本能，它所基于的信念是：为了做出决定，必须学习；而为了学习，必须改变现状。

◎ 对行动的偏好，也是这样一种领导力本能：它可以减轻决策上的瘫痪状况，帮助你避免对完美信息无休无止的追求；而那些信息会让你以为似乎只要有了它们，就能洞若观火一样。

◎ 对行动的偏好意味着能认识到在这个复杂的世界中，学习是需要主动的，而且必须迭代。你要采取行动，评估，然后再次采取行动。

◎ 对行动的偏好意味着能认识到事实是脆弱的，而在数字回声时代，速度至关重要。

◎ 对行动的偏好并不能解决所有的领导力挑战，但可以激发组织的活力，使你对脆弱性和危机保持警醒，让你了解并避免承受“不作为”的隐形代价。

军队里有一句话：“要么带头，要么跟上，要么躲开。”它所指的就是对行动的偏好。

有一个关于爱因斯坦的著名轶事。据说他曾讲过，如果得在 60 分钟内拯救世界，那么他会用其中的 55 分钟来了解问题所在，然后用 5 分钟来解决问题。过去，许多领导力理论都与爱因斯坦的想法不谋而合，鼓励领导者在采取行动之前仔细分析问题。但是，当代的领导力理论要求必须理解时间的变化本质，以及这一本质是如何影响领导者及其在组织中所做出的决定的。

面对海量数据、日新月异的技术以及数字回声，我们倾向于暂停所有的行动，以便可以暂离问题现场，然后尝试了解问题的各个变动部分。我们对信息有着永不满足的胃口，有时对更多或更好的选择有着近乎荒诞的渴望，以为有了它们，便可以对自己的决定感到安心。因此，我们会动员团队去捕捉越来越多的信息，希望在混乱之中找到一个完美的解决方案。但是，我们愿意在没有任何实际行动的前提下，在研究上花多少时间呢？而且，在准备做出决定之时，我们所做的研究仍然有效吗？一旦掌握了所有这些信息，我们将如何处理、如何梳理它们？怎样辨别一个方案的好坏，或者说怎样辨别一个方案到底是出众的还是疯狂的呢？

作为面对问题或危机的领导者，我们可能会感到在某些情形下不得不面对截然对立的两种情况，要么先退后一步来分析问题及其潜在解决方案，要么采取可能是错误的行动来立即控制事态。作为领导者，总是希望确保做出最明智的最佳决定，而且会尽一切可能避免采取对组织有害的行动。一个明智的领导者，一般都会在采取对组织可能有灾难性后果的行动之前，对形势展开分析。当我们几乎还不了解最想达成的结果是什么的时候，为什么要贸然行动呢？领导者连这一点都不了解，又怎么会了解自己的组织需要采取哪些步骤，才能实现最后的结果呢？

但是，当信息传播和技术更新以越来越快的速度展开时，领导者不能因为要寻求完美方案而陷入瘫痪状态。领导者当下面临的状况，都是需要在环境发生重大变化之前，以及在可以全面分析问题之前，立即采取行动的时刻。领导者做出反应所需的时间越长，周边的环境就会变化得越多，领导者对问题及其解决方案就会了解得越少。因此，我们必须迅速而明智地采取行动。

登普西将军的三个要求

2004 年 3 月，登普西将军第一装甲师的 3.2 万名士兵准备将其防务职责移交给第一骑兵师的士兵。对于登普西将军和他部队中的大多数人来说，他们期待回到在德国的几个军队基地。已经有几千名士兵作为先遣队先行返回德国，以确保大部队到达前准备好营房和车辆调配场。士兵的家人们正在筹备欢迎回家的仪式，一些士兵的家人正在安排旅行计划，还有一些士兵已经收到了后续任务命令，他们要在集体休假结束后开始勤务总结。

然而在 4 月 4 日，在防务工作移交完成之前不到 72 小时，战争的形势发生了变化。登普西预感到，他很快就会被要求和部队一起在当前的驻地继续驻扎几个月，以平息震荡的局势。登普西所做的第一件事情，就是停止任何撤出驻地的行动。幸运的是，他的两个副手马克・赫尔特林（Mark Hertling）准将和麦克・斯卡帕罗蒂（Mike Scaparrotti）准将，那天早上恰好在指挥部复查第一装甲师的调动进度。三人聚在了一起。

“要解决所有这些问题，我们就不得不面临一些挑战。”登普西告诉他们，“我们被命令继续留在这里的可能性越来越大。但是，在白宫正式批准之前，没有人会向我们下达这个指令。如果叫停调防的运输车队和空运工作，会给我们的士兵及其家人发出信号，那就是出事儿了。可是，如果不停止这些运输行动，我们可能无法迅速重新集结起来，无法及时回到战斗中来，从而扭转局势。”

这三人都知道，他们所面临的局势异常敏感，在做任何事情去改变现在的任务之前，最好等待进一步的指示，而不是擅作主张。但他们也知道，不断发展的危机的复杂性和形势恶化的速度，促使他们考虑是否要采取行动。

最后，他们的确采取了行动。他们决定，根据具体情况，停止向外运送士兵。登普西将军通知上级，他正中止其部队撤出，并将每天重新评估这一决定，以为上级提供更多选择。由于诸多原因，登普西并不指望很快会有一个定论。

但是，登普西将军原定与中央司令部司令约翰·阿比扎伊德（John Abizaid）将军的会面还是如期进行了。当两人见面时，交换了彼此对局势的评估。“情况很不好，”阿比扎伊德说，“在我们把局势稳定下来之前，可能需要你和你的士兵们留在这里；我也知道，这对士兵和他们的家人有多难受。但我需要知道，你们是否能够做到这一点。”

登普西将军非常感激能有一位领导者提出这样的问题，这位将军对战争当中人的影响了然于胸。“我们可以的，长官。”登普西回答道，“但是，要做到这一点，并保持我与士兵之间的信任，我有三个要求。

第一，我不能拆散我的部队，希望您不要为了去增强其他地方的兵力，把我下面的营和旅拆开使用，请让我们一起行动。第二，我需要您给我们一个任务，不要只是让我们干等着，请给我们一些事儿干。第三，也是最重要的一点，让我去告诉我的士兵和他们的家人这个消息，因为如果他们在 CNN 上知道这个消息之后才从我这里听到的话，他们对我的信任可能会减少。”

“你已经在考虑如何应对这件事了？”阿比扎伊德问。“是的，长官。”登普西答道。“你需要多长时间？”阿比扎伊德问。“我们可以在 90 天之内完成任务。”登普西说。阿比扎伊德将军点点头说：“好的，我现在就可以答应你其中两个要求。我们会保持你的部队完好无损，并且会按你的建议给你们安排任务。至于是否要先于五角大楼通知你的士兵和他们的家人，就按你的判断行事吧。”

结束了这次会面后，在去和手下的营长、旅长和军士长开会的途中，登普西将军在车里就给他手下的两个准将打了电话。“喂，伙计们，”他说，“让部队回来。”

在接下来的路途中，登普西将军为下一个会议做着准备。他知道，让已经调防回到家中的士兵回来，对于士兵和他们的家人来说是异常艰难的。他的下一个电话将是打给妻子迪妮的，他要把这一切都告诉她，因为她将在确保任务展开期间给予士兵家人们支持、帮助他们获得该有的照顾。登普西知道，已经重聚了的家庭肯定已经感到有些不对劲儿了。

在登普西漫长的军旅生涯之中，那天与他的营长、旅长和军士长的会面以及之后与召回的士兵及其家人们的会议，是他最难忘的经历之一。这里都是资深军官，大约有75人。每个人都知道即将发生什么，你能清楚感觉到房间里的紧张气氛。

登普西将军讲话时没有展示什么幻灯片、图片或地图。这是他与过去一年中朝夕相处的“家人”之间的对话。他从描述他们了解的形势开始说起，并解释说整个形势其实都处于危险之中。他向士兵们保证，他们已经完成了应当完成的那部分任务，此时他停顿了一下，反省了部队已经失去了近100名士兵的事实。登普西解释说，他们接下来要做的事情非常困难，却意义非凡。

登普西将军告诉士兵，接下来将由他们——全体士兵及其家人来决定，这一时刻在第一装甲师的历史上是高光的还是黯淡的。他告诉士兵们，在五角大楼宣布之前，谁都不可以把这一切公开，但他希望士兵们和家人们能从他这里先得知这个消息，而不是从新闻媒体那儿知道。登普西要求士兵们对消息保密。

现场提出了很多问题，绝大部分都是关于任务的。登普西解释说，他们有三个任务，这些任务之间的差别很大，他希望每个人持续地学习，并在完成任务的过程中与时俱进。

登普西将军提到，在过去的一年中，这个师的士兵们相处极为融洽。他希望大家能够在执行这些新任务时彼此合作、相互交流和共享资源，并在他的授权范围内做出决定。

“别等着我批准你需要做的每一个行动。”登普西告诉士兵们，“要随时让我知道你是否需要我提供帮助。我也会秉持同样的原则来对待你们。我们必须完成上级交给我们的使命，而且需要共同努力才能做到。”

马克·赫尔特林准将回到了德国。在那儿，他与其他将军一起，为士兵家属提供他们所需的信息，让他们理解为什么此次延长驻军行动和完成新任务如此重要。这个三人团队在第一装甲师的指挥官和士兵的家人中间建立并维持了信任；尽管这些家庭将不得不继续做出牺牲，而且第一装甲师可能仍然会有人员伤亡，但是此次延长驻军行动并没有产生任何的负面媒体报道。

直到三天后，五角大楼才宣布了延长驻军的决定。在那之前，第一装甲师的每个人及其家人都已经收到了通知。

登普西将军一一走访了部队内部，对他们的战备状况做出评估。在其中一个地方，当他忙于解释为什么这次延长驻军如此重要时，一名年轻的军士长打断了他："恕我直言，长官。您不必向我们解释所有这些情况。我们在一起经历了很多事情，我们信任您。"

听到这些话，登普西知道第一装甲师已经准备就绪了。这位军士长继续说道："长官，如果您也信任我们，那就继续做您必须做的事情吧，我们也都会完成必须完成的任务。"登普西将军听完，心中充满了骄傲。

在登普西走访的另一个地方，一名中士告诉登普西，他当天早上与妻子通了电话。这位中士向妻子道歉，因为他错过了女儿的高中毕业舞会和毕业典礼以及年幼儿子的足球赛。他妻子数落了他，不让他继续道歉，并且说她去过赫尔特林准将的通报会了。"你要做的，就是全心全意完成任务，然后安全回家。我们会在家里照顾好一切的。"她说。为军人的家庭提供必要的信息，使他们也了解当前的任务，现在看来这是多么正确的决定啊。

90 天后，登普西将军的第一装甲师完成了新的任务，再一次准备回家。他们在延长驻军期间又损失了另外 40 名士兵。驻军期间的任何人员伤亡都是惨痛的。

从 2004 年 4 月至 7 月第一装甲师的行动中，可以得出很多启示。他们之所以能度过这个艰难时期，是因为他们共同努力，实现了目标明确、努力统一、力量共享、持续沟通的做法，以及最重要的，他们之间有信任。在此次驻军及延长驻军的过程中，他们并不是所有事情都做得完美无缺。但是，在那段晦暗的日子里，当面对出其不意的情况时，他们果断采取了行动，而且这些行动绝大部分都做对了。

如何培养行动的偏好

在组织中，我们很少会处于静止状态，或者说处于仅需执行日常事务而不用面对问题或危机的情况。这些问题要么是重要性可能较低，只是以很不明显的方式影响很少的几个人，要么已经在充分发酵、开始渗透，变成组织必须全力以赴去面对的威胁。在新的环境中，领导者必须理解，为了在稳定时期和面临巨大挑战时能够维护力量，组织需要保持积极主动的思维模式，并以对行动的偏好对待每一个催化事件。

作为领导者，我们对催化事件采取的即时行动，并不需要总是那么引人注目，但某些行动是一定要果断出手的。领导者需要自问，现在可以做些什么来帮助解决问题。有时我们甚至还不能完全理解行动可能导致什么样的结果，但是，为了适应新环境，我们需要随着新环境改变和演化，而不是试图与之对抗。我们需要根据所掌握的信息采取行动，而不是一成不变地等待“更好”选择的出现。如果我们采取行动、评估，然后再次采取行动的思维模式，就可以不断克服所面临的挑战。

在问题朝着与我们的利益相悖的方向发展之前，积极地参与到解决问题的过程中，以便尽早改变问题发展的走向，这在新环境中是至关重要的。**领导者需要培养对行动的偏好，它不仅能让我们在对催化事件做出反应时更果断，而且也是组织构建和维持自身力量的总体战略的一部分。没有对行动的偏好，公司和国家都将在竞争中被轻易地淘汰。**

打胜仗时刻

RADICAL INCLUSION

◎ 面对危机，应避免对完美信息无休无止的追求。我们要采取行动，持续评估，然后再去采取新的行动。

◎ 事实是脆弱的，而在数字回声时代，行动迅速比弄清事实更重要。

◎ 对行动的偏好并不能解决所有的领导力挑战，但可以激发组织的活力，使你对脆弱性和危机保持警醒，让你了解并避免承受“不作为”的隐形代价。

◎ 军队里有一句话：“要么带头，要么跟上，要么躲开。”它所指的就是对行动的偏好。

◎ 领导者需要培养对行动的偏好，它不仅能让我们在对催化事件做出反应时更果断，而且也是组织构建和维持自身力量的总体战略的一部分。没有对行动的偏好，公司和国家都将在竞争中被轻易地淘汰。

RADICAL INCLUSION

第 10 章

原则五，共创语境，协同组织的每一个层级

测一测你对打胜仗的思想了解多少

1. 下列关于“共创语境”的描述，哪一项是不正确的？

A. 尽可能多地去理解背景和语境，将会帮助你做出更好的决策
B. 当各个层级都协作起来时，组织会最充分地理解自己身处的环境
C. “共创语境”明确了组织中每个人的责任
D. “共创语境”对于领导者来说可有可无

2. 下列哪一项较为准确地概括了语境与决策的关系？

A. 两者是相互分割的，没有联系
B. 决策是在一定的语境中做出的，并且会对语境产生反向的影响
C. 语境单向影响决策
D. 决策单向影响语境

3. 领导者需要协同组织的每一个层级，下列哪一项不是原因？

A. 领导者所需要的最重要的信息，常常来自组织的最前沿
B. 往往是前线的团队成员有着最具创意的解决方案
C. 每一项公司决策都必须由公司所有员工投票决定才能确保正确性
D. 让所有成员理解组织面对的问题，才能赋能整个组织共同解决问题

登普西将军曾经是个不羁的泽西男孩。当他离开开普梅（Cape May）那美丽又充满历史韵味的国会大厅返回华盛顿特区时，很快就遇到了庞大的车流，而这并没有让他感到意外。这条事先选定的路线塞车了。幸运的是，位智导航地图（Waze）给他指了另外一条路。几百个跟他一样正在路上的人，正交换着关于如何让他更快速到达目的地的各种信息。他们共同创造了登普西对他的行程做决策的背景和语境。

决策总是在一定的背景和语境中做出的。作为结果，决策反过来会对背景和语境产生第二层甚至第三层的影响，并最终影响未来的决策。尽可能多地去理解背景和语境，将会帮助你做出更好的决策。

举个例子，有时候指挥官知道摧毁敌方所使用的基础设施在军事上是非常有意义的，但是当这样的做法会给当地居民带来负面影响时，那么这个做法对军方获得当地居民的支持并最终结束战争的长期目标而言，就是不利的。是否要做出摧毁建筑物、桥梁和市场的决定，都取决于对背景和语境的评估。

当一个组织的各个层级都协作起来时，会最充分地理解自己身处的环境。我们称之为“共创语境”，它明确了组织中每个人的责任，同时也再次强调在数字回声的时代，速度是关键。

现在我们回到登普西将军回家的路上，以及位智为他提供的那条备选路线。

位智的语境是由匿名参与者共同实时建立起来的，这些参与者对行车的决策及其结果并不负责。但是，如果由那些归属于组织并对组织的成功非常在乎的人们共同快速地为语境提供信息，又会怎样呢？决策明显会更好。一般而言，高层领导者获得语境信息的方式是从组织中用力“拽出来”的。在军队中，高层领导者会公布 PIR（Priority Information Requirements，优先信息需求），告诉下属哪些信息是他们想要了解的。但是，领导者可以变得更高效，只要去鼓励成员不仅要告诉领导者他想要了解的事情，还要主动说出他们认为领导者应当了解的情况。

另外，高层领导者创建的自己需要了解的信息清单，往往都聚焦在那些容易出错的事项，还有会让组织的原定计划脱轨的事项上。很少有组织，尤其是那些大型组织，会询问基层成员组织可能会错失什么机会。因此，建立允许组织共创语境的流程，可以使领导者做出更好的决定；在合适的领导力条件之下，还可以让领导者更快地做出这样的决定。更快地做出更好的决定，正是我们在当下这个时代所迫切需要做到的。这个时代要求我们克服惯性思维，并在变化来临时快速反应。

如何协同上下为共同的事业战斗

领导者迫切需要找到方法来获得整个组织的支持和理解。领导者必须意识到，尽管经验给了我们一双慧眼，但要真正完整地理解复杂问题，就需要获取来自组织各个层面的不同观点。在彻底抓住问题本质之前，我们可能无法有效地解决问题。

在寻求解决方案时，最好的主意并不经常来自组织的高层。相反，往往是前线的团队成员有着最具创意的解决方案，正是这些方案最后救了我们。

领导者面临的挑战是如何赋能整个组织，使所有成员理解组织正在面对的问题，并且要鼓励各个层级的每位成员，让他们为了我们共同期冀的结果提出各种建议。

还记得登普西将军见到的那位年轻上尉吗？在向将军解释了层级制组织和去中心化网络组织的区别后，他后来进一步提到，尽管军队已经在不遗余力地扩展自己的能力边界了，但还是没有从中收获充分的认知成果。

当登普西将军询问这位年轻上尉，为了在严峻的条件下完成使命，他有什么需求时，上尉并没有列出一张所需资源的“心愿清单”，这令将军感到高兴。上尉已经拥有了相当不错的武器装备，能在日夜兼程的战斗中保有优势：他可以接触到最高级别的情报，对于前沿阵地周边的地面和空中有谁在进行着什么活动，也保持着准确的“战情认知”；他的士兵都配有一整套现代化的通信设备并且通过网络联系在一起；他的补给需求也一直都是有求必应。思量下来，登普西将军觉得，比起他当年率领着3.2万名士兵在战区打仗的时候，这位28岁上尉军官的手边拥有更多的工具。

尽管如此，这个年轻人真正在寻求的，其实是登普西的保证，保证他在战区所了解的情况能被传达到上面各级指挥部甚至五角大楼那里。由此，组织高层就可以理解他所面临的挑战是什么了。但登普西无法给出这样的保证。

在赋能下级战力上，军队已经做得不错了，不仅给予了士兵们所有可以获取的力量，也保证了他们面对敌人时具有决定性优势。但在如何及时有效地从前沿阵地采集信息方面，军队仍未找到好方法。对军队而言，如何就背景语境获得内部共识，仍然充满挑战。

登普西将军意识到，**领导者所需要的最重要的信息，常常来自组织的最前沿，而不是组织的中心。**只有坚持致力于组织上下共同创造语境，我们才能确保组织正在完成的，是所有成员都要去共同达成的事业目标。

言易行难。但科技的进步为各个层级的领导者带来了机会，让他们可以共同创造语境，并借此极大地改善业绩。

这个领导力原则强调领导者采集信息的责任。领导者需要采集组织内部的各种知识和信息，来建立对于如何协调组织的各种能力以解决问题的更广泛的认知。**解决问题，不再是领导者只身所扛的巨大责任，不再是领导者只能单方面孤独地寻求解决方案，它变成了一个不断浓缩出一份组织共创的多种创意方案清单的过程。领导者的专长会被应用于做决定和定方向，而不是控制和命令下属。**

麦素包的“打动肉食者”之战

让我们看一个关于语境重要性的例子。

在麦当劳放弃了对布拉夫曼和麦素包指控的 20 年后，事情又出现了有趣的变化。2015 年，麦当劳的 CEO 唐·汤普森离开了这家巨头企业，加入了冉冉上升的素食创业公司——不可思议食品公司（Impossible Foods）的董事会。这种事情放在 20 世纪 90 年代中期是完全不可想象的，但是现在，素食主义早已不再是处于社会边缘的事情了。事实上，不可思议食品公司还获得了来自硅谷风险投资基金的超过 1 亿美元的投资。这可不是因为金融家们对动物权利保护、环境保护心软了，或者纯粹只是想做点好事。沿着 20 年前素食运动的绝对包容哲学的脚印，不可思议食品公司采取了一种反直觉的商业模式。

想象一下，现在你是不可思议食品公司的高层领导，你的使命是生产最好的素食汉堡，而你手边有一支生物化学专家团队可以打造最好的食品材质和口感。那么，你会怎样开发和销售你的产品呢？具体会采用什么方法？花点时间想想计划吧，因为它可不像看起来那么简单。

如果你和大多数人一样，就会开始做功课。你会调研竞争对手，做最好的大豆汉堡和蘑菇汉堡的口味评测，然后拿出一个口味上更好一些的产品。接着，你会去找那些最有可能卖这个产品的零售商，譬如全食超市和一些素食电商，试图让这个产品成为行业的标杆。

其实，这是个错误的方法，不可思议食品公司实际上也并没有这样做。记住，公司永远不会拿出大量的风投资金来制作所谓最佳的素食汉堡，这种事并不新鲜也不激动人心。主动寻找素食者和关注健康的消费者的做法，也不是最重要的。如果从全新的角度思考这个商业计划，采用一个关注到更大背景的完全不同的策略，情况会是什么样的呢？

现在来认识一下不可思议食品公司的创始人和 CEO 帕特·布朗（Pat Brown）吧。他不是那种典型的硅谷企业家，60 多岁的年纪，高个子，一副跑步爱好者的体格。这位曾经的斯坦福大学生物化学教授看起来是一个再典型不过的嬉皮士。他从 20 世纪 70 年代开始就是个素食者，喜欢谈论“成熟光合作用技术”和“生物质碳存储”这些话题。听他讲食品行业，你会以为在听一位政坛候选人讲话：“我们试图瓦解的所有机构都有着巨大的影响力，它们在政府也有着很强的控制力。”

2010 年，布朗试图把他的理念传播给公众，他在华盛顿举办了一个全国性科学研究委员会旗下的研讨会，名为“动物农业在可持续的 21 世纪全球食物系统中的作用”。如果你从来没有听说过也没关系，因为你也并不是唯一一个不清楚的人。其实，当初就没人关心过这件事。布朗明白，他必须找到更好的办法来做推广。

他不再批评肉制品行业，而是决定模仿它。**他发现那些制造和销售牛肉汉堡的人并不向消费者“布道”，而是给消费者他们想要的东**

西。布朗理解了，为了使情况有所改变，他需要做到包容，需要为肉食者提供素食替代品。他意识到自己的核心竞争对手不是其他素食汉堡品牌。他所要做的，不是给予素食者们一次更好的美食体验，因为那种产品已经有人在卖了。布朗瞄准的是那些吃肉和土豆的人，对素食主义和环境保护不感兴趣的人。

不可思议食品公司的目标是“复刻”并且“改善”顶级的牛肉汉堡。“我需要做的，就是为现在的肉奶消费者生产出一个产品，让他们觉得比起他们正在消费的产品，更愿意选择你的。”布朗解释说。借由现代科技，没有理由不能创造出这样一种植物性食物，而这种食物，足以替代动物蛋白性食物。

布朗并没有把他的汉堡在全食超市或素食餐厅推广，而是决定在同时有肉食和素食供应的餐厅推出。当然，也不是任何餐厅他都会去推广的。不可思议汉堡只在高端美食餐厅首发，每个主厨都要在不可思议汉堡上展示他们的独门厨艺。在主厨制作令人垂涎的不可思议汉堡的不同版本时，他们用了自制的小圆甜饼，还有比如焦糖洋葱、松露奶油酱、瑞士浓味干酪、蘑菇糊、蒜泥蛋黄酱这样的浇头。这些厨师正在共创不可思议汉堡的语境，帮助它建立不只是普通的素食汉堡的定位，也让它成为肉类美食之外的另一个美食选项。

打胜仗时刻

RADICAL INCLUSION

◎ 决策总是在一定的背景和语境中做出的。作为结果，决策反过来会对背景和语境产生第二层甚至第三层的影响，并最终影响未来的决策。尽可能多地去理解背景和语境，将会帮助你做出更好的决策。

◎ 当一个组织的各个层级都协作起来时，会最充分地理解自己身处的环境。我们称之为“共创语境”。

◎ 领导者所需要的最重要的信息，常常来自组织的最前沿，而不是组织的中心。

◎ 解决问题，不再是领导者只身所扛的巨大责任，不再是领导者只能单方面孤独地寻求解决方案，它变成了一个不断浓缩出一份组织共创的多种创意方案清单的过程。领导者的专长会被应用于做决定和定方向，而不是控制和命令下属。

RADICAL INCLUSION

第 11 章

原则六，向下属放权，更要向盟友放权

测一测你对打胜仗的思想了解多少

1. 关于权力、控制与领导力的关系，下列哪一项说法是错误的？

   A. 领导者应当允许控制权从自己的手中流向有能力的下属手中
   B. 在不必要时施加控制，不仅不会加强权力，还会付出高昂的成本
   C. 真正的权力不能通过控制程度衡量，而在于能否找到更好的解决方案
   D. 向下属放权意味着领导者要放弃一切控制和秩序

2. 打胜仗的思想主张向下属放权，更要向盟友放权，下列哪项做法是正确的？

   A. 盟友之间只存在永恒的利益，没有任何信任可言
   B. 向盟友放权，需要有信任
   C. 与人结盟必然会放弃自主权，做出大量妥协
   D. 在与人结盟时绝不能有所让步，必须争取利益最大化

3. 打胜仗的思想主张放弃控制反而能加强手中的权力，如何理解这句话？

   A. 以放权代替控制，可以发动整个组织的力量寻求有效的解决方案
   B. 放弃控制不可能加强权力
   C. 一旦放权就不可能再收回，需要加倍谨慎
   D. 可以把放弃控制作为应对特定问题的特别方案

数字回声时代要求领导者发展一种对包容的直觉，一种非比寻常的、超越合作、走向信任的担当，一种有目的地放弃控制权以保有权力的意愿。因为每个人都随时随地在聆听、在观察、在检视，以生物模仿传递的速度，提高了兴趣，刺激了情绪，提升了期望。这样既产生了弱点，也带来了机遇。

这不是科幻小说，而是我们生活的一部分。这使得在如今这个时代，领导组织这件事会变得非常激动人心。

我们可以选择以不同方式看待这个世界，可以把这个世界看成一个永不停息的圆形竞技场，所有的交战结果都是赢家通吃；或者也可以把这个世界看成一个需要不断协作的空间，人们共担成本，积累共同利益。当然，解释这个世界的竞争性，要比解释它的协作性来得容易。描述一个纯粹的胜利，比描述一个共创的成就要简单多了。

但是，寻求绝对坚实的主导地位是一个相当耗费成本的策略。在过去，这种策略通常困难重重；在今日，它更是越发无法持续下去了。另外，集中化的权力正在导致世界变得越发危险。以强调排斥的方式去解决问题、充满嫉妒地护卫权力和渴求更大的控制权，只会带来不理想的、脆弱的和成本高昂的结果。

相比于尝试主导一切，我们建议领导者学会放弃控制权。与其紧握着手中的控制权，同时还觉得它一直在从自己的指缝中溜走，还不如敞开怀抱，接受权力的变化本质。领导者应当允许控制权从自己的手中流向组织中那些有能力又训练有素的人手中。

领导力的基本目标是增加绩效和带领组织持续取得成功。为了拥有这些成功，一个领导者必须建立、维护权力和组织秩序。权力让领导者得以快速行动，秩序让组织的行动有可预见性。长期以可负担的成本维护权力和秩序，是当前不断变化的世界中领导者面临的最大挑战。

失去权力，领导者将无法继续领导。但是许多领导者总是在不必要的时候施加控制，而且为此付出的成本也并不划算。在新环境中，权力集中的情况不会太持久。为了有效地领导组织，维护权力还是有必要的，不过持续维护权力的方法已不再是控制了。**真正的权力不是通过控制程度来衡量的，而在于是否可以找到更好的、可负担的、持久的解决方案来应对复杂问题。**

举个例子，军队指挥官和外交官们认识到，要维护他们的权力来影响当地人，就得在某些时候有意识地、公开透明地放弃控制权。

◎ 控制权很诱人，因为它让人产生拥有权力的感觉。

◎ 施加控制常常带来狭隘的、不理想的且难以持久发挥作用的解决方案。

◎ 施加控制是代价昂贵的。

我们并不是说领导者要割让所有的控制权。我们的意思是，在这个复杂、快速变化和需要仔细审视的时代，最好的、最可以承受的、最持久有效的解决方案，将是包容的产物。

随着持之以恒地发展，包容力会为社群、组织、国家乃至整个世界提升效率。领导者需要具备包容力，通过联盟和伙伴关系来维持自己的体系。领导者也需要和组织以及与自己想法相似的伙伴建立共识，以持续的努力推进长期的战略。

秩序和包容需要在张力中共存，以一种合适的平衡度各自充分展现并支持彼此。秩序和包容可以并且应当互相补充。为了建立和维护权力，我们同时需要控制力和包容力。

当一个领导者感觉自己正在失去权力时，他的本能是要对权力抓得更紧，通过施加控制来重建秩序。传统上，权力是通过集中和加强控制来保持的，在如今快速变动的新环境中，强有力的政府、公司和个人开始发现自己越来越容易积累大量的控制权。但其实，有太多的控制权，对于领导者和组织来说也是负担。

“电力民主化”与“能源民主化”

能源行业提供了一个很好的例证。传统的燃气和电力能源专业人士认为，能源行业面临着三个紧迫的且互相关联的挑战。

1. 技术变革和国家减少碳排的目标带来的行业巨变。
2. 劳动力老龄化，需要更迭。
3. 急需创新型领导力。

过去一个世纪的大部分时间里，能源行业都处于相对垄断的地位。如今，这种垄断地位正在快速坍塌。美国 19 个州已经形成了竞争性的能源市场，另外 31 个州也在不同程度地改革它们的监管结构。美国最大的能源公司杜克能源的前 CEO 和总裁吉姆·罗杰斯（Jim Rogers）将这种变化了的能源行业环境称为“电力民主化”。不断有消费者放弃使用燃气和电力网络，因为他们更青睐可再生能源。举例来说，他注意到 2016 年有 13 亿兆瓦的太阳能需求“从天而降”，这些需求不会再返流到传统公用事业部门去了。他还进一步断言，能源消费需求每下降 1%，消费者和生产商共担的成本将上涨 3%。

罗杰斯还称能源行业是一个同消费者几乎没有积极互动的行业。“每个人都知道 1 升汽油的价格，但没有人知道 1 000 瓦时电量的价格。”他说。结果就导致这一行业和消费者之间形成了怀疑的对立关系。消费者因为无法选择能源供应商，感觉自己被关进了牢笼一样。

与此同时，可替代能源和可再生能源却变得越来越价格低廉，越来越实用。所有这些因素加在一起，造成了传统天然气和电力公用事业如果要继续控制行业，所付出的成本就会高得惊人。对于这个问题，罗杰斯的回答是：公用事业部门需要把打造、优化消费者使用能源的体验当作自己的一项任务。

还有另外一种方法，即为了保持权力，维持拥有的市场份额和影响力，公用事业部门要放弃一些控制权给到可再生能源部门和消费者。

迪安·西弗斯（Dean Seavers）在 2014 年成为美国国家电网公司（National Grid）的总裁。国家电网是全美排名前五的大型电力和天然气企业，为充满竞争的美国东北部市场提供服务。

西弗斯为国家电网制定的愿景是“能源民主化”，这是西弗斯对所在行业的急剧变化所做出的反应。他还提出了应对这种变化的三个当务之急：“首先，必须让客户来做主。其次，必须拥抱我们的技术合作伙伴。最后，也是最重要的，必须改变我们对这个行业的监管和融资方式。”

西弗斯把自己建立脱碳能源网的努力归结为两点：一是尝试可以监控能源流向的小型电网，以建立企业和消费者之间的双向流动；另一点是对整个能源供应链的赋能，包括系统运营商、发电站、分销商和消费者。他还提到，消费者想要对自己何时以及如何使用能源有更多的控制权，而他并不想对抗这个趋势。为什么？他说：“因为到最后，这种趋势会产生一个更加可持续化的长期模式。”

西弗斯的最终愿景是：“要将公用事业行业重新定义为能源分销行业的智能手机一般的角色，它与能源生产商、服务提供商和技术合作伙伴一起提出的解决方案，就如同手机上的各种应用软件一样。”西弗斯承认，他还没有掌握所有的答案。但他知道“必须让客户做主，必须拥抱技术合作伙伴，必须看到行业融资方式的真实变化，以消灭 20 世纪基础设施的旧模式，来迎接 21 世纪及未来都能有效运作的新范式。”

罗杰斯、西弗斯和绝大部分能源部门的人是怎么想的呢？他们认为需要马上行动，必须和无数之前从没有想到过的合作伙伴共创语境以制定决策，必须交出部分控制权以收获优化的、持久的和可持续的结果。

邀请各方向能源网输送能源，给予消费者在设计和满足其能源需求时发声的机会，这些都是在用实际行动放弃控制权来维护权力的举措。尽管如此，至少在今天，还是有大量例证表明，有不少领导者在害怕失去权力的恐惧中挣扎，并且还变本加厉地施加更强的控制。

放弃控制，获得“联盟”的力量

一个营地剧场里挤满了人。这是 2015 年春天，600 名海军陆战队队员被邀请来到剧场参加有参谋长联席会议主席出席的全员大会。当登普西将军在各地旅行时，他一直都很喜欢这类可以与军中人员及其家属见面的活动。

社交媒体和全天候不间断的新闻报道，将年轻的军人以及他们的家属淹没，而他们将要面对的是一个充满危险的、非常不确定的未来。这时候，这类面对面的接触显得尤其重要。登普西将军总是可以从他们的提问中了解到他们是从何处得到消息的。

这群与会者看起来对最近的退休改革政策，还有正在进行的关于允许女性参与直接战斗任务的争论非常感兴趣。他们态度很尊敬但也很直接，这是登普西欣赏的。

如今，登普西依然会反复回顾当时他会见海军陆战队队员时与他们交流的内容，以及那次交流对未来意味着什么。他们面对的问题是存在解决方案的，解决方案存在于绝对包容的原则之中。我们可以用绝对的包容来对抗某些过于绝对的排斥思想。

世界上一些不稳定的局面影响着我们，恐怖主义、武装袭击和毒品走私问题从缺乏治理的地区流出，而这些问题不会轻易消失，它们一直在影响着各方社会。那些导致这种不稳定状态的人，只可能被一个广泛包容的联盟所击败。这个联盟具备能力、资源和持续的力量来整合解决所有的问题：安全、治理、重建、经济发展和人道主义救济。

放弃控制权，意味着与想法相近的个人和组织建立伙伴关系，并采取具有长效的方法来解决问题，也意味着要以对领导者和组织都可承担的代价来解决问题并维护权力。放弃控制权并不意味着要成为自由派或者进步派，或者为了成为平等主义者而采取包容的做法。为了更快速有效地解决问题，并且使问题长期得到解决，领导者必须学会放弃控制权。**通过放弃控制权，领导者可以维护并加强自己的权力。**

信任为纲，与盟友共进退

登普西将军乘坐的轿车拐过华盛顿西北区的马萨诸塞大街，驶进了英国大使馆，门卫以灿烂的笑脸迎接他。

这是 2016 年 10 月，登普西将在这里接受大英帝国骑士称号的授勋，成为在过去 12 年里第一位获此殊荣的美国军官，并且成为获此荣誉的仅有的 26 位美国军官之一。

登普西被引领到英国大使官邸的图书馆等待典礼开始。书架上摆放的书籍令人对英国丰富的文学历史印象深刻。登普西早年阅读过甚至教授过其中的很多著作。文学上的有用知识总能帮他找到恰当的隐喻，去理解和描述国家安全的复杂性。但是今晚他并不打算向英国人引用英国文学。今晚是要来庆祝共同的价值观、分享承诺和在复杂议题上的合作的。

大约有 75 位登普西的家人和亲近的朋友到场。过去一两个月的新闻一直很令人不安。他的英国同事对于两国关系将如何变化感到焦虑，这也是可以理解的。登普西想要说些有意义的话来打消大家的疑虑。到了约定的时间，他被带着从图书馆来到举行典礼的房间。他朝前排的客人们微笑，那里坐着他的妻子、子女和孙辈。

之后，英国大使进入房间，房间里的人齐刷刷地起立。他招呼登普西来到他身边。他的致辞颇有远见。大使发言时，登普西慢慢沉浸在了自己的回忆之中。

2012 年下半年，登普西在伦敦会见了他的英国同行，英国时任国防部参谋长戴维·理查兹（David Richards）将军，他们讨论了两国军事力量的状况。他们都面临着战事之后资源日渐紧缩的问题，对欧洲和太平洋地区安全状况的下降趋势也有着相似的判断。理查兹将军建议要从两国共同的历史中吸取教训，重新恢复两国的参谋长联席会议。登普西同意了，并提议第一次的会晤由他主持，于 2013 年夏天在华盛顿特区举行。他们决定以 1947 年会议的模式来进行这次会晤。

英国大使结束他的致辞时，登普西从回忆中回到了现实，开始了自己的致辞。

> ……2013 年的美英参谋长联席会议，在 1947 年我们的前辈举行会议的同一幢建筑的同一个房间中召开了。我们就坐在当时的椅子上，还拍了一张黑白集体照，照片中每个人站立的位置，也和各自的前辈当年拍照时站立的位置一模一样。我们在一起评估全球安全形势，讨论面临的资源挑战，商讨如果我们共同协作，是否会比各自行事更有效率。我们让自己去思考，不要止于提高彼此间的协作性，还要在一些选定的方向上

更加地互相依赖。我们很清楚，独善其身时，不可能做到事半功倍，而同舟共济时，就可以做到……我们成功地发现在一些方向上，我们可以通过各自放弃一些控制权，互相依赖以取得更好的成果，我们在这些方面达成了共识。

今晚的这个勋章象征着我们已经取得的成绩，也象征着我们必须继续从经验中学习。我们要与生活的复杂性、不确定性和它所带来的逆境相处，而做到这一点的关键是找到自己可以信任的人，然后全身心地信任他们。

向盟友放权，需要有信任。带着信任，任何事情我们都有可能做到，而没有信任，我们几乎什么都不能做到。

学会放权，制定最优决策

新环境中的领导者必须意识到，放弃控制权是一个必选项。我们身处于这样一个世界中：施加控制所付出的成本变得过于高昂，事情的发展往往不取决于领导者而在于组织成员们，而且环境变化的速度也快到我们来不及反应。因此，有时我们必须放弃控制权来自我保护。为了维护作为领导者的地位，为了建立和维持组织的权力，我们没有选择，只有出让控制权。

真正的权力，是那些能产出更好的、可持续的和可负担的成果的权力，这种权力本身并不是一种负担。为了建立和维持这样一种权力，领导者需要培养寻求机会分享控制权的本能。

简单来说，放弃控制权能产生更好的、更长效的解决方案，这将加强领导者和组织的权力。那些学不会放弃控制权的人，将会承受代价高昂的后果。随着环境的变化，这些后果的影响有可能会显著增大，并给个人和组织带来灾难。

领导者必须意识到，无论怎样，对控制权的放弃只有在那些支持这种理念的地方才会奏效。所有的组织成员必须对组织及其目标真心地认可，当成员在组织中被给予更多的权力时，领导者要信任他们，让他们自主思考并采取适当的行动。放弃控制权，必须有意识地努力贯彻前面五项原则才能真正发挥效用。

放弃控制权来建立和维持权力，表面上看起来是违反本能的，但是这样做并不会让领导者真的失去权力，而是让组织更多地分享信息和建立信任。

但是，如何才能确保我们放弃了足够多的权力以取得好的效果，又不至于放弃得太多以至于失去了全部的权力呢？在感觉到控制权溜走时，领导者该如何对抗自己想抓住控制权的本能呢？

为了在学习放弃控制权的使命上取得成功，领导者必须发展一些本能。在这些本能中，领导者可以发掘出自己对成员必要的信任，发现一种可以收获组织内外的知识和想法的方式，并且通过绝对包容而不是绝对控制，来建立和维持组织的权力。

打胜仗时刻

RADICAL INCLUSION

◎ 权力的根本目的不是控制，而是找到更有效的解决方案。

◎ 想要可持续地保留权力，就要先主动放弃一部分权力。

◎ 有时候盟友关系比上下级关系更持久，有时候合作的效率比命令和控制的效率更高，所以领导者要放权给下属，更要放权给盟友。

◎ 秩序和包容需要在张力中共存，以一种合适的平衡度各自充分展现并支持彼此。

◎ 放弃控制权来建立和维持权力，表面上看起来是违反本能的，但是这样做并不会让领导者真的失去权力，而是让组织更多地分享信息和建立信任。

RADICAL INCLUSION

第 12 章

倾听、强调与包容，领导者的三大本能

测一测你对打胜仗的思想了解多少

1. 下列哪一项不是领导者至关重要的三大本能之一？

A. 倾听以理解
B. 控制以加强权力
C. 强调以建立期望
D. 包容以赋能

2. 下列哪项对于倾听的理解是不正确的？

A. 倾听的本能是一门艺术，领导者必须运用它来建立团队的信念
B. 如果不发展倾听的本能，成功会是非常困难的事情
C. 认真倾听各个层级成员的想法，才能真正理解现实情况
D. 倾听只是徒劳的，没有实际作用

3. 下列哪项对于强调的理解是不正确的？

A. 强调好想法和好方案，赋能组织各个层级
B. 强调，可以让员工了解自己身上所背负的期待是什么
C. 能带领团队打胜仗的领导者会明确表达自己愿意为创新承担多少风险
D. 领导者只应强调好的行为，不应强调错误的行为

奥蒂斯将军给大学毕业生的忠告

6 月的堪萨斯州有时候会很热，在这特殊的一天，气温超过了预期。登普西少校刚刚结束了他在堪萨斯州利文沃斯堡陆军职业中期学校的课程学习，而这天是毕业典礼。典礼在室外举行，眼前是金属折叠椅、羊毛制服、明晃晃的大太阳。他脑袋里一直想着接下来的工作：接受他的下一个任命，也就是作为坦克营执行长官，全家打包搬去德国。他知道，这个转变对于迪妮和孩子们来说将会很艰难，不过他们最终会把它变成一场冒险之旅。

登普西模糊地意识到，正在介绍典礼的演讲嘉宾正是陆军驻欧洲部队的指挥官，一位四星将军——格伦·奥蒂斯（Glenn Otis）将军，他想自己最好要听得认真点。

格伦·奥蒂斯将军走上讲坛，祝贺毕业班的学生们。然后，他说希望这届毕业生只要从他这天的演讲中记住一件事，之后便从胸前的口袋里掏出了一张卡片。

“我一直都随身带着这张卡片，”奥蒂斯将军说，“它提醒我作为一个领导者最重要的品质是什么。卡片上这样写道：‘你最近一次允许下属改变了你对某件事的看法，是什么时候？’当你们今天离开这里，重新加入平常的军旅生活时，我想要你们记住这一点，成为一个好的倾听者。”

奥蒂斯将军那天给登普西留下了深刻的记忆。从那天开始，他一直提醒自己，要成为一个好的倾听者。

随着登普西在职业道路上不断地升迁，他增加了另外两条他认为对于领导者至关重要的品质：了解如何强调、如何发展包容的本能。他认为与此有关的本能有以下三个。

1. **倾听以理解：**倾听那些追随你的人，让这些人感受到你重视他们的观点、判断和建议；倾听，从而理解组织，并且对于机遇和挫折保持正念；倾听，因为常常是那些“微弱的信号”真正预示着成功或者失败。
2. **强调以建立期望：**强调那些最好的主意、最好的推荐、最好的方法，而且用一种能在组织的各个层级激励团队合作的方式来强调；强调组织的价值观，来提醒我们什么是正确的内心的声音，而这些声音有时可能会被数字回声淹没；强调，因为最好的领导者会在组织内部为组织的价值观“敲锣打鼓”；强调，因为当有一个共同的语境，可以用来表述我们身上所背负的期待是什么时，每个人都会受益。

3. **包容以赋能：**要在更广泛、更深入的意义上包容组织的成员们，与他们共享知识、创建对问题的共同理解，鼓励他们自主提出解决方案；包容可以激发忠诚，是发展信任文化的第一步。

如何用领导者本能赋能组织

遵循这本书描述的领导力理论来行动的领导者会发现，如果不发展倾听的本能，要成功，将会是非常困难的事情。那些习惯于武断和目空一切地谈论的人，很少能够如这本书中所传授的那样，去真正地赋能周边的人，并打开沟通的通道。**领导者必须理解，倾听的本能是一门艺术、一项技能，也是一套系统，必须运用它来建立团队的信念，拥抱对行动的偏好，接收预示着成功或者失败的“前沿信号”。**那么，领导者和组织整体该如何倾听呢？

我们的身边围绕着各种倾听的机会：个人之间的互动、正式和非正式的会议、走到下属中间去、社交媒体互动、全员开放会面，或者电梯里的谈话。

无论作为个人还是组织，寻求和实现这些倾听机会的意愿越强烈，我们持续发展这一本能和成为更好的倾听者的可能性就越大。我们必须发现现实的有效途径去倾听组织各个层级的成员，从而可以更好地理解他们面对的困难，认可他们已经想到的潜在解决方案，给予他们自己进行领导的机会。

登普西将军还记得他和总统最初的一次会议。他不太记得当时的主题，但是还记得当时他是如何聚精会神倾听总统说的话的，并且仔细地理解这些话的意思以及它们背后的含义。他沉浸在对这些语句、音调、面部表情、眼神交流和身体语言的回忆中。如果登普西在未来的 4 年要做总统的顾问，他必须知道总统是如何思考和沟通的。

如果我们更有意识地倾听，更努力地理解他人正在试图沟通的内容，会发生什么？这么做，会改善我们彼此的关系，会建立必要的信任，让我们可以领导得更好。

当登普西将军和参谋长联席会议收到任务，要在军方撤销“不问，不说”政策前发展一项军队的训练和教育计划时，他们立即选派了一些关键位置上的军官开始了“倾听之旅”。这些军官的任务是，真正了解各个兵种的士兵们，他们究竟在想些什么、说些什么，以及感觉到了什么。参谋长联席会议决定，只有在军官们掌握这些信息后，他们才会开始制订训练计划，准备撤销“不问，不说”政策的时间表。

当领导者倾听时，将有机会发现组织所面对的问题的答案。这样的领导者会让自己的组织成员成为积极参与决策流程的一分子，而这会培养成员们产生一种归属感。领导者可以再往前走一步，不仅寻求创新的解决方案，而且要在整个组织内强调这种创新所带来的成功。

通过强调组织成员的好想法和好方案，领导者可以充分体会放弃控制、赋能组织和倾听他人是如何在整体上造福组织的。领导者在意识和行动上做出积极的表率，可以提升组织完成使命的能量，获得更好的、更持久的成果。

领导者既要分享成绩，也要接受批评，不能仅仅“喊口号”，声称自己对创造和创新感兴趣，也要明确表达自己愿意为创造和创新承担多少风险。**带领组织打胜仗的领导者会明确路上的“标线”，知道自己希望成员在什么方向上行进，比设定界限更为重要的是怀着包容之心带领组织为成功而奋斗。**

在登普西将军担任参谋长联席会议主席期间，他是绝对拥抱军中差异的人。他赞许人们不同的个人文化风格和传统，同时也努力将这些不同的个体整合到联合部队更广大的使命中去。他珍视高级军官们的多元思考，因为他们能从不同的视角看待美国的安全事务及其弱点与机会。每周开会时，这群层级很高、很有经验的领导者表达各自观点的时候，总会有些小摩擦，但登普西认为自己作为他们的上级长官，要确保这些摩擦也是充满创意的。

有时，一个军种的表现会优于其他军种。这时候，登普西会召集各军种的参谋长来共同讨论。他会强调成功，并鼓励这些互相竞争、骄傲的高层领导达成共识。他们倾听别人越多，从别人那里学习到越多，就越愿意扩展彼此的努力成果。

一般而言，当面临一个问题时，参谋长联席会议的成员会聚在一起，共同设定解决它的目标。然后，在各军种固有的权限内，每个军种会各自制定实现这些目标的任务。接下去，有很多机会可以用来比较成果。2014 年的一个半年期里，登普西将军记得他审核过的计划包括伤员看护、降低自杀率、防止性骚扰、将女军人融入以前不开放给女性的岗位事务中。这些事情中的每一项，还有其他更多没提到的事项，都提出了执行层面的挑战。在应对这些挑战的过程中，参谋长联席会议的成员们从不允许以各个军种情况不同的理由当作“挡箭牌”。他们会更多地强调互相学习。

当一个领导者强调组织中各级责任人的成功经验时，他提供了一个类似教学的时机，教授自己的组织成员们，成功看起来是什么样子的。这可不是“拍拍某人的后背”这种对个人成功的强调。它是一种记忆，有意义的记忆，是加深组织使命而采取的行动。它帮助强调了组织内的归属感，也显示了领导者放弃控制权的意愿。

我们这套新型领导力理论认为，所有这些原则和本能，对于公司和国家在新环境中的繁荣发展都是必要的。通过持续地巩固这些原则和发展这些本能，领导者可以通过绝对包容来发展组织，而不是通过控制来建立和维持权力。

打胜仗时刻

RADICAL INCLUSION

◎ 领导者至关重要的本能有三个：倾听以理解，强调以建立期望，包容以赋能。

◎ 领导者必须理解，倾听的本能是一门艺术、一项技能，也是一套系统，必须运用它来建立团队的信念，拥抱对行动的偏好，接收预示着成功或者失败的“前沿信号”。

◎ 通过强调组织成员的好想法和好方案，领导者可以充分体会放弃控制、赋能组织和倾听他人是如何在整体上造福组织的。

◎ 带领组织打胜仗的领导者会明确路上的“标线”，知道自己希望成员在什么方向上行进，比设定界限更为重要的是怀着包容之心带领组织为成功而奋斗。

RADICAL INCLUSION

第四部分

让打胜仗的思想成为一种信仰

RADICAL INCLUSION

第 13 章

用打胜仗的思想，赢得最广泛的支持

测一测你对打胜仗的思想了解多少

1. 领导力的精髓正是建立信任，下列哪项关于信任的说法是正确的？

A. 信任是随着时间建立起来的，信任是从包容开始的
B. 领导者只有确保每项决策的正确性，才能赢得下属的信任
C. 即使员工一再犯同类错误，领导者也要原谅，这样才能建立信任
D. 信任一旦建立起来，就坚不可摧，不管怎样都不会消失

2. 打胜仗的思想就是绝对包容，下列哪项关于包容的说法是错误的？

A. 包容打开了理解和机遇的大门
B. 包容让领导者和追随者之间建立更多信任感
C. 包容是好主意起步的油门，也是阻止坏点子的刹车器
D. 包容意味着不设置任何门槛，对所有声音全盘接受

3. 关于打胜仗的六大原则与三大本能，下列哪项说法是正确的？

A. 能带领团队打胜仗的领导者具备的三大本能是倾听、强调与控制
B. 在六大原则之中，创造归属感和意义感为领导者放权奠定了基础
C. 只要做到其中一项原则，就足够建立无往不胜的组织
D. 六大原则是相互独立的，没有相互支撑的关系

象征着信任的一美元纸币

1974 年 6 月 5 日，登普西将军从西点军校毕业，被授予陆军少尉的军衔。作为授衔仪式的一部分，每一位新军官要挑选一位在册的军官来向他致以“第一个敬礼”。在大多数情况下，这位军官一般都会是这位新军官成长过程中的一个重要人物。登普西选了一级军士长伯尼・亨德森（Bernie Henderson）。

亨德森当时是军事指挥系的高级装甲兵士官。登普西自大学二年级开始就清楚自己想要成为一名装甲兵军官，亨德森从那时起就成了他的导师。

亨德森是一位卓越的领导者。他是一位老兵，拥有数十年的军事经验；他是一位很好的倾听者、一位充满耐心的老师，也是一个拥有绝不妥协的原则的人。第一次见到亨德森时，登普西还是个不满 21 岁的年轻人，但亨德森仍然用真诚和尊重的态度对待他。亨德森还让登普西完全理解了军士长在陆军中作为顾问角色的作用有多么重要。

当登普西致完授衔誓词之后，他的父母为他戴上了少尉徽章。正当他转过身时，看到亨德森正从他的右边走来。

亨德森敬了一个干脆的军礼，并宣布：“欢迎加入陆军，登普西少尉！”按照礼仪，登普西回致军礼，并感谢了亨德森在他成为军官的过程中的积极参与。

为感谢“第一个敬礼”，新军官一般都要给他选择的军官一枚一美元的银币。1974 年，这样的银币已经是很稀罕的了，于是登普西班上的大部分同学决定给军士长一张签了名的美元纸币来代替。

登普西把手伸进口袋四处摸索那张他一小时前放进去的纸币。他找到了，把它递给亨德森一级军士长。亨德森微笑着说：“等你有一天成为将军，我会把它交还给你。”登普西轻声笑着说，如果真有那么一天，他宁可不要再见到这张纸币。亨德森则对他说，无须为成为将军这件事焦虑，专注于赢得士兵的信任就好，就像登普西曾经与亨德森建立的那种信任。最后，亨德森转身离开的那一刻，登普西非常感动。

遗憾的是，登普西后来和亨德森失去了联系。登普西时不时会听到亨德森的一些消息，但是他早年的军旅生涯大部分时间是在德国度过的，而亨德森已经在马里兰州退休了。

2014 年 6 月，登普西成为授衔军官服役已满 40 年。他的同班同学计划在那年的秋天重聚。日子就这么悄无声息地过去了。到了 6 月底，一个包裹寄到了登普西的住处。他无比惊讶地发现寄信人那里写着伯尼·亨德森的名字。包裹里是一张镶入镜框的一美元纸币，纸币上面有登普西的签名。附着的一张纸条上写着："我告诉过你，等你有一天成为将军，我会把它交还给你。抱歉，让你久等了。——伯尼·亨德森。"

登普西落泪了。这张镶入镜框的一美元纸币现在就摆在他的办公桌上，提醒着他，一个人对他人的信任会有多么大的力量。

2015 年 1 月，距离登普西以参谋长联席会议主席身份退休的时间还有 9 个月。他被告知，原定在那年西点军校的毕业典礼上演讲的美国副总统，希望能把这个致辞的宝贵荣誉让给登普西。这是非同寻常的礼遇。在 4 所军事院校的毕业典礼上演讲的，一般都是美国总统、副总统、国防部长和国务卿。登普西马上接受了这个机会，并感谢了副总统。

不出意料，登普西一接受这个任务就立即开始感到焦虑。就像很多大学毕业生一样，他自己都想不起来是谁在他毕业那年的毕业典礼上致辞了。他很希望这次这些毕业生们能从他的讲话中记住些什么。

1月和2月很快就过去了，登普西还没有想好要怎么做这个演讲。他很少会对公开讲话感到紧张，但这次可不一样。

3月初的一个晚上，他走过一排书架，亨德森的一美元镜框正放在这个书架上。一瞬间，他知道自己该做什么了。第二天，他问妻子迪妮要了1 100美元。登普西身上从来不会带超过理一次发所需要的钱，所以迪妮问登普西是怎么回事，登普西告诉了妻子实情。

2015年5月，当登普西走进举行西点军校毕业典礼的体育场时，他的心跳得很快。1 000多位毕业生充满渴望地望向他们的校友登普西，望向这位四星上将兼参谋长联席会议主席。紧接着，登普西登上了讲台。正是眼前的这些年轻人，会在登普西的时代谢幕之时，从他手中接过驾驭武装力量的缰绳。

在一番介绍之后，该登普西上场了。他用一小段“毕业卡拉OK”来暖场，然后，在12分钟致辞的高潮部分，他告诉这些毕业生，对于他的演讲，他们仅仅需要记住4个字：“我信任你。”

当毕业生列队骄傲地走上讲台领取毕业证书时，登普西递给他们每人一张崭新挺括的一美元纸币。他们还没回到自己的座位，就发现每一张纸币上将军都签了名。

亨德森一级军士长一定会同意他这么做的。因为亨德森早就知道，登普西已经学会，而这些新军官们也将很快发现一件事，那就是**领导力的精髓正是建立信任。**

打胜仗的思想就是绝对包容

我们在这本书里向领导者提供了一套打胜仗的思想，帮助他们战胜新环境中非同寻常的挑战。这套理论号召领导者要强调和他人的共同之处，而不是强调不同之处。这套理论还强调了绝对包容；通过这里提供的原则和本能，领导者会发展出对包容而不是对权力的倾向。正如我们说的那样，拥护包容是因为它在实际效用上的种种优点。

我们坚定地相信，包容的领导力思想可以使领导者和组织对其所面对的问题和相应的解决方案有更多的想象力和理解力。包容的领导力思想可以让国家获得更强的实力，让企业获得更强的竞争力，让军事行动获得更长效的成果，让各个层面的领导者“打胜仗”。

登普西是凭借着包容的本能，才坐上了参谋长联席会议主席的位子的，他说，其实他的这个本能发展得非常早。

成为排长是一个年轻陆军军官的第一道考验。1974 年，22 岁的登普西排长领导着 45 个士兵。他们的任务是在驻地边界巡逻。尽管这已是很久远的记忆了，但是登普西还能回忆起那条边境线的样子。士兵们住在简陋的远离人烟的边境营地。他们每次出任务都要走上 30 天，一年要出 2 ～ 3 次任务。剩下的日子，他们就在西边 60 公里远的兵营为任务进行训练。

一般情况下，2 ～ 3 辆车、6 ～ 8 个士兵组成一队，同时有几队在 7 ～ 10 公里的直线距离上沿着边境昼夜巡逻。在那个卫星图像和遥控飞行器传回全动态视频的技术尚未普及的年代，这些士兵就是指挥部的眼睛和耳朵。

在这样的环境下，人们更要学会信任他人。没有人可以做到面面俱到。所以，他们彼此依赖来理解任务，保持警惕，及时回应，把巡逻中看到的情况反馈回去，当环境发生改变时还要进行调整。这种情形下，每个人都要付出，每个人都要被包容进组织。

一开始，登普西觉得自己可以依赖手下 45 个士兵中的一部分人，但不是全部。1974 年，陆军中士兵违反军纪的问题很严重，登普西的排里也不能幸免。他刚接手这个排的时候，士兵们分成几伙，用一切可能的理由来排斥异己。

登普西将军想不起来究竟从哪一天开始，他做出了决定，认为只有发展和展示包容的本能，才能把这个群体凝聚到一起，也只有这样做，才能完成他们的任务。这一天可能是在临时篮球场上，在食堂的桌上足球台旁边，或者是当士兵们在车辆调配场满脚是泥地站在装甲车边上，琢磨怎么换下那死沉死沉的履带时。无论如何，这一天发生了，而且这个决定也有了效果。登普西让这 45 个士兵在某件事情上一起工作，接着再一起做另一件事情，最终，所有的事情都让他们通力合作。通过表明他珍视每一个人作为个人和作为组织成员做出的贡献，他做到了将士兵们凝聚在一起的目标。

一些士兵最终还是因为严重违反军纪而离开了部队。但是，没有一个人是因为组织内部的矛盾而离开的。当登普西把他们聚集在一起，专注于共同的目标以及每个人都认为很重要、都理解了的事情上时，他们就成了一个非常特殊的群体。就是在这个组织中，登普西第一次见识到了包容的力量。

1997 年 10 月，登普西带着他的骑兵团来到了一个沙漠接受考验。这个团有 5 200 多人。同样，他们也是上级指挥官的眼睛和耳朵。这一次，他们是一支装甲部队的指挥官们的耳目，这支装甲部队人数超过 5 万。骑兵团一般在前线的最前端采集信息，有时候要为获得信息而战斗。他们要为后面跟随着的其他部队打开战场的局面。

沙漠里的考验很严峻，他们面对的是强劲的敌方，而且还是在严酷的沙漠条件下接受这样的考验。军队希望来一场“比橄榄球比赛更猛烈的混战”，这个沙漠正是混战一场的绝佳地点。为了完成任务，骑兵团冲了出去。全力推进状态下，骑兵团可以横跨 30 ～ 50 公里作战，在防御状态下，他们也可以沿着线状的边界伸展出 100 多公里。

骑兵团的组织设计得很有意思，因为它在一个单一的组织中融合了陆军最多种类的职业专才：寻找敌人的侦察兵、近距离摧毁敌人的坦克兵、长距离压制敌人的炮兵、从空中制敌的飞行员、提高机动能力的机师、保护头顶空域的防空兵以及保证物资供给的运输兵。

在这样一个组织中，崇尚本位主义是很自然的事。每一个兵种的士兵都争论说自己的贡献是最不可或缺的。有一些竞争是健康的和促进产出的，有一些则并非如此。登普西的挑战是如何说服 5 200 多名士兵，让他们理解结合在一起形成的力量远超单打独斗的力量。这正是我们熟悉的领导力挑战，即发展一种包容的本能。

对于这次挑战的解决之道是让大家聚焦在核心使命上。登普西找到了一种令人印象深刻的描述使命的方式，并在之后屡屡强调这种描述。他告诉团里的士兵和他们的上级：“我们都是侦察兵。”在沙漠考验之前的那一年，他走遍了训练场、车辆调配场、食堂和营房。每到一处，登普西就问士兵们：“你在这个团里是做什么的？”一开始他们会回答“我是机师”、“我是炊事员”或者“我是写文书的”，等等。

“错！”登普西会回应他们，“你是侦察兵。”接着他就会解释为什么。

无论在前方还是后方，无论是开着一辆坦克还是一辆燃油卡车，无论是保障通信还是供应物资，无论是二等兵还是上校，士兵们全都成了侦察兵。每个人都变得很有意识、很警觉，5 200 多双眼睛和 5 200 多对耳朵肩负起共同理解战场上正在发生的事情的责任。这确实管用，他们最终通过了考验。获得成功还需要其他的要素，但是发展出这种包容的本能，是开启成功的必要起点。

6 年后，登普西成了陆军第一装甲师的师长。他承接的责任和风险都更大了，但是面临的领导力挑战并没有改变。

陆军和其兄弟军种是卓越的实战型领导者培养机构。他们集中训练，但分散作战。他们的对手不仅是想获取超过他们的优势而已，而且想把他们从战场上彻底驱离。对手的态度是如此坚决而灵活善变。

士兵们必须互相信任。他们只有相信自己身边的其他士兵，相信那些陪着他们的医护人员、那些从头顶飞过的飞行员和指引他们方向的指挥官，才会愿意把自己暴露在危险之中。**缺了信任，一支军队几乎无法完成任何目标；有了信任，这支军队几乎可以完成任何目标。信任是随着时间建立起来的，信任是从包容开始的。**

包容的达成，是通过约定并监控一组通用的指标，来衡量那些复杂目标的实现进度才能做到的。这些指标为登普西与其他领导者的会议提供了具体议程，也为他们的讨论提供了常用的词汇。他们知道，必须履行好每一项责任，而且最有效的进展是在这些责任方向上平行推进。他们知道要经常碰头，分享实践中的最佳做法，同时也要认识到各自都面临着自己独有的挑战。

通过在 3.2 万名士兵中间建立一套对学习、倾听、阐述和行动的共同承诺，包容的本能被建立起来了。环境越是变得复杂，登普西越是鼓励各级人员主动寻求对环境产生积极影响。这样一来，每个人在重要的使命之下和难以预计的变动中，都感觉自己是主人翁，感受到包容。

无论是领导 45 人、5 000 人还是 3 万人的部队，建立一个包容环境的需求一直没有变。登普西将军在他军旅生涯的第 41 年退休了。在最后的 5 年里，他是参谋长联席会议的一员，先是成为陆军参谋长，最后担任参谋长联席会议主席。他从领导 45 名士兵开始，最后在结束军旅生涯时，他领导着各个军种大约 200 万人的现役部队、国民警卫队和预备役部队。

挑战的范围和规模肯定都发生了改变，但是成功的关键要素没有改变。参谋长联席会议上，主席、副主席、陆军、海军、空军、海军陆战队、国民警卫队一起开展工作。虽然他们知道在最高层级上，国防部的决策会将他们全部凝聚在一起，**但当组织成员感觉到了包容时，做出的决策就会更明智，他们会带有更强的主人翁意识，对决策的执行也会更高效。**

作为主席，登普西将军还有一项职责，就是和全球的 53 个同盟国和伙伴国保持同伴关系，必须与盟国和伙伴国维护友好的关系。如果想要保持双方的友好关系，双方需要拥有和表达出包容的本能。除此以外，别无他法。在一段伙伴关系中，更加强大的一方负有更多的责任去保持和加强这种关系。人与人之间的关系是这样，国与国之间的关系也是这样。要保护这样的同盟体系，让它持续有效，需要不断投入时间、力量和各种资源，来保证必要的包容性。

如今，登普西将军在杜克大学教授领导力课程。在他和学生的讨论中，他总会强调的一项领导力特质就是“赋予意义感”。也就是说，各个层级的领导者都有责任让自己的员工知道正在发生的事情有什么意义，而在部队里，则意味着要对各自的下级军官负此责任。

服役 40 多年，登普西将军品尝了属于他的那份成功与失败的滋味。**一般来说，成功来自每一个参与组织的人都理解组织的任务、机遇和局限的事实。失败则来自缺乏理解、错过机会和不能够认识到局限性的问题。**

包容为你赢得最广泛的支持

包容打开了理解和机遇的大门，包容是针对不确定性和误解的灵丹妙药，包容为你赢得最广泛的支持。

我们提醒读者，这本书里提到的领导力原则和本能只有被整套运用、彼此支撑时才是有效的。每一条原则都是必要的，单独地实行任何一条效果都不充分。我们还要提醒读者，这些原则和本能通过重新述说、重新强化和重新执行，会一直产生价值。成功的领导者会带着这样的思维模式开启每一天的工作，用这些原则和本能做出每一个决定和行动。

我们呼吁每一位领导者，在这个持续变化的世界中拥抱包容性，这是稳步前行所必须要做的事。我们也要请你们把这个理念传递给组织的每一位成员。这个理念的重要性甚至超越了成功领导力的理论范畴。

我们认为，今天无论在商业领域、军事领域，还是政治领域，是互相排斥的态度把我们分割开来了。除非领导者关注包容，不然便会失去优势。我们必须变得更习惯处理归属感，发展一种采取行动的偏好，并在感觉权力流失时交出一定的控制权，才能在团队、组织、社群和国家中打造一种包容开放的环境。

当领导者面对问题的时候，必须理解自己从组织的最基层收获越多知识，越多的包容性就会被创造出来的事实。领导者也必须在这样的理解上采取行动。之后，越多的包容被建立，就越有可能解决问题。另外，当用包容的思想来执行问题的解决方案时，方案的效果也会更持久。

包容性不应该被当作一场“感觉还不错”的行动而被遗忘，不能仅仅是为了对别人公平而敦促自己分享权力和控制权。包容性拥有改变世界的力量。在一个充满竞争、信息变化极快的环境中，包容性让成功的公司和国家在建立和维持权力的时候始终持有优势。从这个角度理解，包容是属于未来的一种方式。

打 胜 仗 时 刻

R A D I C A L I N C L U S I O N

◎ 领导力的精髓正是建立信任。

◎ 缺了信任，一支军队几乎无法完成任何目标；有了信任，这支军队几乎可以完成任何目标。

◎ 信任是随着时间建立起来的，信任是从包容开始的。

◎ 当组织成员感觉到了包容，做出的决策就会更明智，他们会带有更强的主人翁意识，对决策的执行也会更高效。

◎ 包容打开了理解和机遇的大门，包容是针对不确定性和误解的灵丹妙药，包容为你赢得最广泛的支持。

结 语

完成不可能完成的目标

将军和怪才准备好要写一本关于领导力的书，但是他们发现了一些比这更深刻的东西。他们学习、讲述并澄清了这样一个现实：人们的归属感已经发生了改变，科技让人们彼此间的联系变得越容易，人们反而分离得越远；人们在更多地强调自己的个性，却也更多地忽视了自己与他人的相似之处。在数字回声时代，人们变得更孤立、更多疑，变得没那么积极乐观了。这些都影响了一个人在政府部门、工作场合，在国内、海外与其他人互动的方式。

这是一本关于领导力原则的书，致力于为领导者提供一套打胜仗的思想。这本书同样会让你确信，在这个数字回声时代，后真相化的、快速变化的、充满密集审查和情绪压力的时代，心存善意的人们必须更多地采取包容的方式去赢得一切支持，完成不可能完成的目标。要以包容为武器去面对不平等。排斥异己、抱有偏见和操纵他人，这些行为都在蚕食着信任，并导致领导力失去效能。而包容可以提升我们的正义感、同理心、协作精神、主人翁态度和可靠度，这些才会让组织建立起信任并带来领导力效能。

将军和怪才从他们的经历里带给我们珍贵的视角和经验。历史不会完全重演，但是它一直押着韵脚。对于那些渴望去领导的人，未来充满了机会。事情会变得更复杂，转变会显得更剧烈，需要更仔细的审视。科技会提供更多数据和更多便利条件。**领导力会变得更激动人心，也更富于变化。**

伟大的领导力在未来将会比现在更为重要，因为到今天为止，这已经是性命攸关的问题了。在现在这个环境中，很容易产生麻木的选择、无所不在的分心事和剧烈的两极分化现象，因为怀疑、失望、愤怒的情绪会持续发酵。科技让人们获得更多资讯、更便捷地连接彼此、有秩序地规划自己的生活，科技使人们得以居家办公、将自己的社交网络拓展到全球范围内，但同样，科技也让人们选择性地知道自己想知道的，屏蔽不想知道的，避免人际接触。科技会让人们幸运地加入好的事业，也会让人们因受到蛊惑而加入坏的营生。

我们不知道领导力的发展将变得多艰难，但我们知道，**领导力需要拥有以下每一样特质：更多去关注，更多去学习，更多去努力，还有更多去包容。**有种说法认为，有些事物只有站在外围看才看得最清楚——所谓“不识庐山真面目，只缘身在此山中”。太多的澄清、聚焦和定义，会削弱对象本身的丰富性、深邃性和复杂性。想要成为高效的领导者，便需要拥有以上所有特质。

在这本书中，我们告诉了大家打胜仗的领导者会运用的一些领导力原则和拥有的领导力本能。我们认为，应用其中任何一条都会改善领导者与追随者之间的关系，但是我们承认，就算使用了全套原则也不能保证领导者一定会成功。

从另外一个角度来说，我们坚信，在数字回声时代，领导者需要将包容作为一项势在必行的领导力原则去认可、理解和实践。这是我们的底线。因为做到包容是很艰难的，需要更多时间，但是它是一个必要的前置条件，由此领导者才能获得针对复杂问题更有效、更快速和更持久的解决方案。另外，包容会积极影响工作场合中的公平和公正，会让领导者和追随者之间产生更多信任。更重要的是，这关乎终身学习，与他人分享决策权，以及对执行这些决策更深的认同。同时，领导者要将倾听、强调和包容发展成自己的本能，这是领导者与追随者之间形成信任关系的基础。

包容不是一颗百发百中的子弹，但是包容是好主意起步的油门，也是阻止坏点子的刹车器。

本书承认了环境的复杂性，寻找的是在数字回声时代尽量避免风险的方法。如果不能认识和适应这个新的现实世界，不能深度拥抱打胜仗的思想，那么领导者必将走向失败。

未来，属于终身学习者

我这辈子遇到的聪明人（来自各行各业的聪明人）没有不每天阅读的——没有，一个都没有。巴菲特读书之多，我读书之多，可能会让你感到吃惊。孩子们都笑话我。他们觉得我是一本长了两条腿的书。

——查理·芒格

互联网改变了信息连接的方式；指数型技术在迅速颠覆着现有的商业世界；人工智能已经开始抢占人类的工作岗位……

未来，到底需要什么样的人才？

改变命运唯一的策略是你要变成终身学习者。未来世界将不再需要单一的技能型人才，而是需要具备完善的知识结构、极强逻辑思考力和高感知力的复合型人才。优秀的人往往通过阅读建立足够强大的抽象思维能力，获得异于众人的思考和整合能力。未来，将属于终身学习者！而阅读必定和终身学习形影不离。

很多人读书，追求的是干货，寻求的是立刻行之有效的解决方案。其实这是一种留在舒适区的阅读方法。在这个充满不确定性的年代，答案不会简单地出现在书里，因为生活根本就没有标准确切的答案，你也不能期望过去的经验能解决未来的问题。

湛庐阅读App：与最聪明的人共同进化

有人常常把成本支出的焦点放在书价上，把读完一本书当作阅读的终结。其实不然。

时间是读者付出的最大阅读成本

怎么读是读者面临的最大阅读障碍

“读书破万卷”不仅仅在“万”，更重要的是在“破”！

现在，我们构建了全新的“湛庐阅读”App。它将成为你“破万卷”的新居所。在这里：

- 不用考虑读什么，你可以便捷找到纸书、有声书和各种声音产品；
- 你可以学会怎么读，你将发现集泛读、通读、精读于一体的阅读解决方案；
- 你会与作者、译者、专家、推荐人和阅读教练相遇，他们是优质思想的发源地；
- 你会与优秀的读者和终身学习者为伍，他们对阅读和学习有着持久的热情和源源不绝的内驱力。

从单一到复合，从知道到精通，从理解到创造，湛庐希望建立一个“与最聪明的人共同进化”的社区，成为人类先进思想交汇的聚集地，与你共同迎接未来。

与此同时，我们希望能够重新定义你的学习场景，让你随时随地收获有内容、有价值的思想，通过阅读实现终身学习。这是我们的使命和价值。

湛庐阅读App玩转指南

湛庐阅读App结构图：

三步玩转湛庐阅读App：

读一读

湛庐纸书一站买，
全年好书打包订

听一听

泛读、通读、精读，
选取适合你的阅读方式

扫一扫

买书、听书、讲书、
拆书服务，一键获取

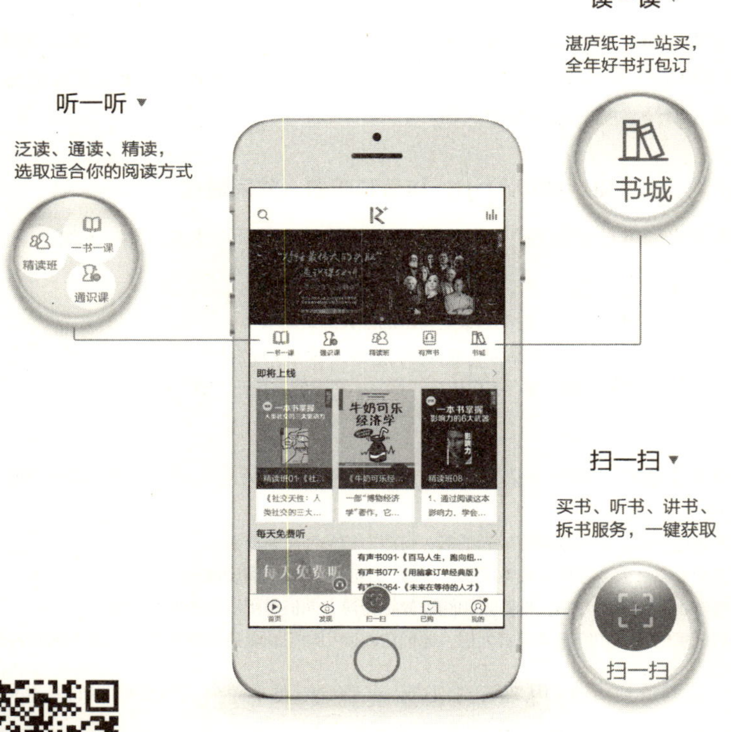

App获取方式：

安卓用户前往各大应用市场、苹果用户前往App Store
直接下载"湛庐阅读"App，与最聪明的人共同进化！

使用App扫一扫功能，遇见书里书外更大的世界！

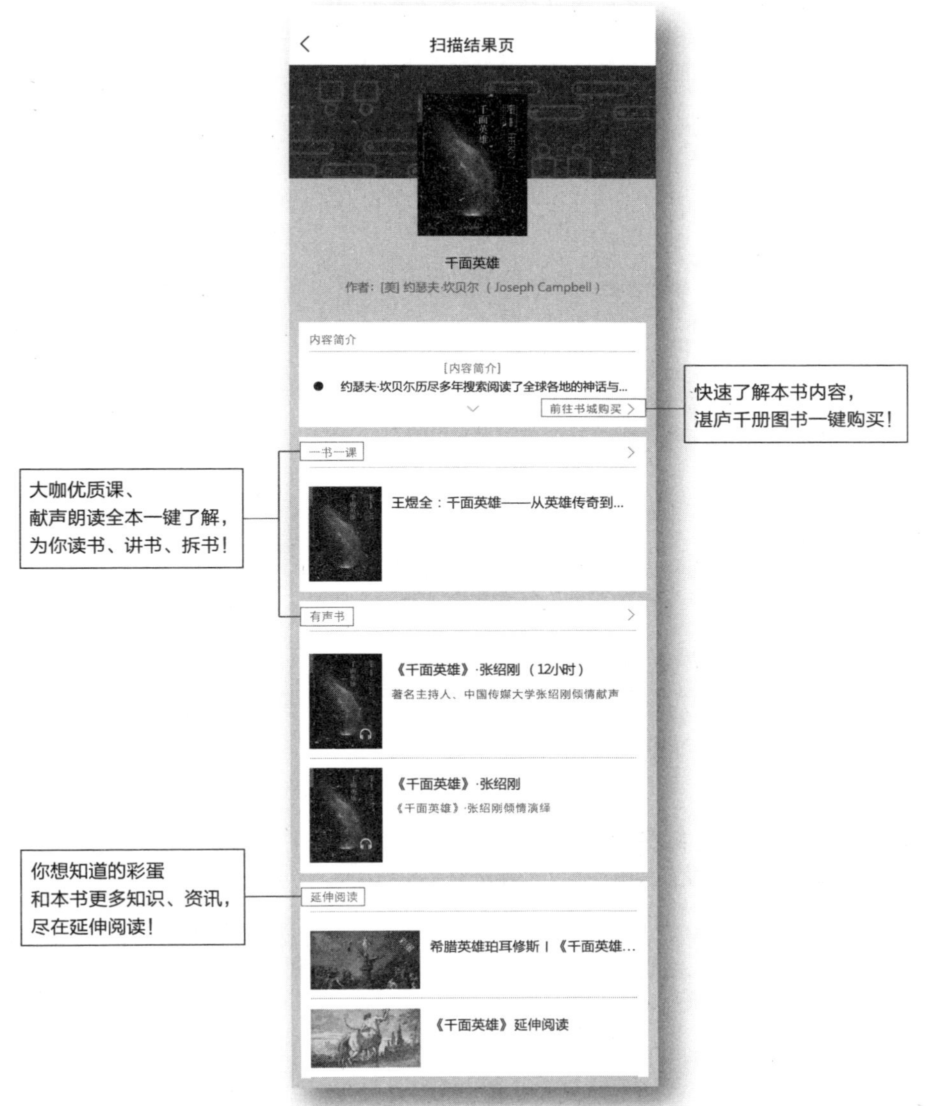

湛庐CHEERS

延伸阅读

《打胜仗的策略》

◎ “打胜仗系列”是关于新技术时代的领导力原则和组织变革的一套新观念丛书，也是关于在变化与动荡的时代个人与组织如何赢得成功的一套操作指南。华为管理顾问田涛作长序推荐！

◎ “打胜仗系列”之一的《打胜仗的策略》旨在为企业提供一套锋利如刃、无坚不摧的策略，以模拟攻击、压力测试的方式去找出战略和计划中的漏洞，让企业以无懈可击的战略重新在市场上站稳脚跟。

《打胜仗的团队》

◎ “打胜仗系列”之一的《打胜仗的团队》由海军陆战队前军官，空军前战斗机飞行员联手巨献。

◎ 深度融合海军和空军的领导力原则，为组织培养和管理人才、提升团队战斗力提供了 7 项关键性的领导力原则，让每个成员持续释放领导力潜能，最终打造一支能作战、敢作战、会作战的打胜仗的团队。

《管理的本质》

◎ 管理界的奥斯卡、全球管理思想的风向标 Thinkers50 排行榜出品，畅销书《管理百年》作者斯图尔特·克雷纳力作。

◎ 对话近现代管理领域的领军人、全球具有影响力的 50 大商业思想家排行榜获奖者，用世界上领先的商业思维应对当今严峻的挑战。海尔集团董事局主席兼 CEO 张瑞敏鼎力推荐！

《管理工作的本质》(经典版)

◎ 亨利·明茨伯格的知名著作，也是经理角色管理学派早前出版的经典著作，奠定了明茨伯格极具影响力的管理大师地位。亨利·明茨伯格对管理工作的观察与研究，迄今无人能超过，其提出的“管理者的十大工作角色”已成为领导力研究的基础。

著作权合同登记号：图字 01-2020-6636

图书在版编目（CIP）数据

打胜仗的思想 /（加）马丁·登普西，（加）奥里·布拉夫曼著；汤文静译. --北京：中国纺织出版社有限公司，2020. 11

书名原文：Radical Inclusion: What the Post-9/11 World Should Have Taught Us About Leadership

ISBN 978-7-5180-8100-4

Ⅰ. ①打… Ⅱ. ①马… ②奥… ③汤… Ⅲ. ①企业管理—研究 Ⅳ. ①F272

中国版本图书馆CIP数据核字（2020）第208667号

责任编辑：闫　星　　责任校对：高　涵　　责任印制：储志伟

中国纺织出版社有限公司出版发行

地址：北京市朝阳区百子湾东里 A407 号楼　邮政编码：100124

销售电话：010—67004422　传真：010—87155801

http://www.c-textilep. com

中国纺织出版社天猫旗舰店

官方微博 http://weibo.com/2119887771

天津中印联印务有限公司印刷　各地新华书店经销

2020年11月第1版第1次印刷

开本：710 × 965　1/16　印张：16.75

字数：180千字　定价：72.90元

凡购本书，如有缺页、倒页、脱页，由本社图书营销中心调换